LE
SERPENT
SOUS L'HERBE,

PAR

ARSÈNE HOUSSAYE.

I

PARIS
DESESSART, ÉDITEUR,
15, RUE DES BEAUX ARTS.
M DCCC XXXVIII.

LE SERPENT

SOUS L'HERBE.

Romans de M. Arsène Houssaye.

Les Aventures galantes de Margot.
    Vignettes sur bois.   1 vol. in-8º.
La Pécheresse.   2 vol. in-8º.
La Couronne de Bleuets.
    Eau forte de Théophile.   1 vol. in-8º.
Le Serpent sous l'herbe.   2 vol. in-8º.

          Sous presse.

La Belle au bois dormant.   1 vol. in-8º.

Histoire du Roman et des Romanciers. 2 vol. in-8º.

Imprimerie de BOURGOGNE et MARTINET,
30, rue Jacob.

LE
SERPENT
SOUS L'HERBE,

PAR

ARSÈNE HOUSSAYE.

I

PARIS
DESESSART, ÉDITEUR,
15, RUE DES BEAUX ARTS.
M DCCC XXXVIII.

A Madame d'O—

Au Couvent de Sainte-C—

Il y a au ciel une petite fleur arrosée d'une larme de Dieu. La brise en apporte tous les jours un parfum en ce monde, et chaque fois que nous le respirons, nous devenons soudainement épris de quelque belle. — Ces temps passés, la brise a chassé ce parfum sur mon chemin. Voilà pourquoi il y a en ce roman plus d'amour que de philosophie, plus de candeur que de science, plus de mensonges que de vérités. — Il y a encore trop de vérités! Vous pensez bien qu'ayant l'amour au cœur, on ne songe pas à médire; et pourtant, les vérités de ce roman sont des satires; mais ce n'est pas ma faute si l'histoire d'un temps en est plus que jamais la satire.

Un poète du siècle a dit, après le vieux poète Théophile : — L'amour est le soleil de l'âme: c'est aussi le soleil du roman. En vérité, je vous le dis, il y a de l'amour en cette histoire, et c'est par aventure, s'il s'y trouve retracé quelque mauvaise face de la vie humaine, cette comédie éternelle qui doit tant amuser le diable. Les pauvres acteurs sont bien à plaindre de se donner tant de mal ici pour faire rire là-bas. Encore, si la grande comédienne qui dénoue le mystère était moins capricieuse ! — O Bienheureux les nonchalants qui se reposent d'une vie où ils n'ont rien fait ! Bienheureux les pèlerins qui se réfugient le soir dans la maison du Seigneur ! Bienheureux, bienheureux les élus qui traversent la vie sur les blanches ailes de l'amour ! — C'est la seule chose qui vaille un peu mieux que la mort ; c'est la seule chose dont les poètes ne nous aient pas désenchanté. Le roi du monde, c'est le plus amoureux ; pour lui, la terre ne tourne pas dans le vide, mais dans le ciel.

Hélas ! pourquoi la petite fleur arrosée d'une larme de Dieu, est-elle si souvent brûlée d'un regard du diable ?

Soucy. — Janvier 1838.

LIVRE I.

I

Suzanne était la fille la plus charmante du monde. Sa vie s'écoulait au village de Valvert dans le silence, dans la solitude, dans la rêverie. C'était le limpide ruisseau fuyant dans un lit bordé de verdure et de fleurs, ombragé d'aubépines, d'oseraies et de roseaux, frissonnant aux baisers de la brise, étranger aux secousses de l'orage. Elle n'avait pas d'autre amie que sa mère, qui avait pour elle un cœur de mère et un cœur d'amie. La pauvre femme, veuve d'un colonel mort dans la guerre d'Espagne, avait à peine quelques débris de fortune pour préserver sa fille d'une profonde misère. Suzanne avait trop d'illusions, trop d'espérance, trop de prismes dans ses regards pour voir la misère qui était partout autour d'elle. Sa mère, sans cesse déchirée par la désolante pensée que sa fille serait un jour seule et pauvre dans ce monde, sa mère, qui avait perdu en vieillissant toutes les chimères qui caressaient sa fille, mourut bientôt dans la douleur et dans le désespoir; elle s'en alla prier Dieu au ciel d'être la richesse et la consolation de la délaissée sur la terre.

Il y avait dans la vallée de Valvert un château transformé en ferme; la châtelaine, qui était devenue fermière, assista au convoi de la veuve, et, touchée des larmes de Suzanne, elle l'arracha du cimetière, et l'accueillit en son château. Cette belle œuvre surprit tout le monde; car madame de Vermand était une de ces femmes dont le cœur se dessèche en vieillissant; l'égoïsme était sa divinité; elle aurait mis le feu au village de Valvert pour se chauffer les mains. C'était autant et plus pour être servie que pour servir qu'elle recueillait Suzanne; avec l'orpheline il lui fallait une servante de moins; et puis elle avait songé que Suzanne embellirait son château : c'était une rose éclatante dans un bouquet flétri. Madame de Vermand avait surtout songé à une récompense dans ce monde et dans l'autre. — Ma récompense sur la terre, pensait-elle souvent, c'est Suzanne elle-même qui est le plus doux appui de ma vieillesse.

Au château ou plutôt à la ferme de Valvert, Suzanne pleurait sa mère qui ne lui avait laissé qu'une bénédiction. Son existence était simple et calme comme au village où elle n'allait plus que les dimanches à l'heure de la messe. Sa seule joie en ce beau temps de sa vie dont le voile de tristesse était soulevé par l'espérance, sa seule joie avait sa source dans l'amour de la nature. Ce sentiment, perdu dans les ténèbres de son cœur, s'agitait à la vue d'une belle aurore, d'un bocage arrosé, d'une claire fontaine, d'un soleil couchant — au bruit murmurant des eaux et des vents, des feuilles et des oiseaux. Chaque heure lui révélait un mystère dans son amour si fécond en mystères. Tous les soirs, légère comme une ombre, elle fuyait au jardin, elle se jetait dans une tonnelle de chèvrefeuille, et là, cachée à tous les regards, elle s'abandonnait au cours des flottantes rêveries. En vain elle essayait d'entendre les voix de son âme : ces voix étaient confuses comme les rumeurs lointaines.

En passant un matin par la chambre de madame de Vermand, elle entrevit dans

l'alcôve, à la tête du lit, un gracieux portrait d'enfant, dont le regard la suivit jusqu'à la porte. Cette blonde et souriante image se grava aux abords de son âme. Dans son amour de toutes choses, elle n'avait rien étreint; ses yeux, toujours ravis, n'avaient pas cessé d'errer : les bras long-temps ouverts se refermèrent; les yeux se reposèrent;
— alors, dans ses rêveries confuses et voilées, elle voyait apparaître une blonde chevelure, une bouche qui souriait, un regard attrayant — comme on voit au travers des vapeurs du matin apparaître çà et là un bouquet d'arbres, une roche de la montagne, une volée de ramiers; — alors elle saisissait déjà les formes encore incertaines de ses songes bleus; elle avait senti que son cœur battait plus vite à la porte de la chambre de madame de Vermand; toutes ses espérances, toutes ses illusions allaient voltiger autour du portrait; c'était la lumière scintillant dans la nuit, la lumière où les pauvres pha-

lènes allaient brûler leurs ailes de gaze.

Cet enfant blond qui avait un sourire pour tout le monde, était le seul débris de la famille de Vermand : — c'était Olivier. Il finissait alors ses études à Paris. Suzanne se souvenait vaguement de l'avoir vu autrefois à Valvert, soit dans le piteux char-à-bancs du château, soit à l'église, dans la chapelle où s'isolait la noble famille ; mais ce n'était encore qu'un enfant, tandis qu'au temps où l'orpheline adorait son image, il était devenu un homme accompli ayant passé par tous les sentiments de la vie humaine. Aux fleurs de son teint, à la souplesse et à l'abondance de ses cheveux, on devinait pourtant qu'une grande passion ne l'avait point ravagé. Il s'était surtout épris des filles d'opéra ; il avait cherché l'amour dans des cœurs déserts; il avait vainement gaspillé les roses de son âme. Après les filles d'opéra, ce qu'il aimait le plus au monde était son costume d'incroyable — car Olivier était une de ces natures indolentes et faibles, s'effrayant des grandes choses et ne s'attachant qu'aux frivolités mondaines. Ainsi, au sein des gloires de l'empire, il ne songeait qu'à vaincre un obstacle dans l'amour. N'avait-il pas raison? La gloire n'est-elle pas plus belle là que dans la guerre?

II

On se lasse de tout dans la vie, surtout des amusements et des jeux de l'amour. Olivier s'ennuya de ses fugitives conquêtes, et d'ailleurs, souvent rappelé en Normandie par madame de Vermand, il dit un jour adieu à Paris, à ses fêtes, à ses femmes, à ses plaisirs, et le lendemain il fut de retour à la ferme. C'était à la nuit tombante. Ce soir-là madame de Vermand, qui ne l'attendait pas sitôt, était sortie depuis quelques minutes : un de ses serviteurs avait versé une charrette de trèfle, et elle avait voulu voir le dégât causé par cet accident. Olivier, surpris de trouver la ferme déserte, errait à l'aventure par les grandes salles, presque effrayé de l'immense solitude qui l'environnait dans l'ombre. Tout-à-coup son regard s'arrêta sur Suzanne, qui rêvait tristement sous le rideau d'une fenêtre. La pluie l'avait chassée de la tonnelle, sa patrie, son oasis; elle s'en était revenue à la ferme suivie de ses joies, de ses tristesses, de ses espérances et de ses enchantements. Olivier, frappé de cette charmante vision, s'arrêta devant la fenêtre, pâle et chancelant comme s'il se fût trouvé devant un fantôme. Suzanne tressaillit, et appuya sa main sur l'espagnolette de la croisée. Olivier, qui voulait dévoiler ce mystère, souleva le rideau, et pencha la tête vers la jeune fille, qui demeura immobile comme une statue. Il tendit la main pour saisir sa robe; mais Suzanne, effarouchée, s'élança sous le rideau, et disparut dans l'ombre : en vain Olivier essaya de la revoir; il perdit son temps en recherches. Cette vision toute romanesque, cette forme insaisissable qui s'était envolée comme un spectre, cette femme cachée sous un rideau, enflamma sa pensée; les caresses de sa mère, les souvenirs de son enfance, qui s'étaient réveillés ce jour-là à la vue du manoir paternel, ne purent étouffer cette pensée ardente.

Il était au coin du feu devisant avec sa mère à demi-morte de joie, quand Suzanne parut sur le seuil de la porte pour servir le souper. Olivier lui fit un profond salut; madame de Vermand, froissée de cette galanterie, dit à son fils avec humeur : — C'est ma servante.

Olivier, confus, se mordit les lèvres ; il venait de tomber du ciel où la vision l'avait élevé ; durant quelques minutes, il n'osa détacher ses yeux des flammes rouges de l'âtre ; mais ayant entendu la douce voix de Suzanne demandant une clef à madame de Vermand, il jeta un regard de travers et fut étrangement surpris de voir une belle fille de seize ans, svelte, délicate, gracieuse comme une jeune fée ; l'or de ses cheveux flottants éclatait à la lumière ; son œil voilé avait le regard humide et tendre des vierges allemandes ; son costume du pays formait un heureux contraste à sa mignardise. Madame de Vermand, qui devinait l'admiration d'Olivier, regarda sévèrement Suzanne, en cherchant un sujet de réprimande. La pauvre fille, qui était en souci de plaire à Olivier, avait paré sa chevelure d'une rose d'automne déjà fanée. En paraissant devant Olivier, elle avait rougi de sa coquetterie ; elle eût bien voulu dérober la fleur à ses regards, mais il n'était plus temps.

— D'où vous vient cette rose? lui dit d'une voix aigrelette madame de Vermand?

— Je l'ai cueillie, madame.

Suzanne penchait la tête comme une pécheresse qui avoue un crime.

— Je vous ai défendu de cueillir des fleurs, mademoiselle, vous finirez par ravager mon jardin ; grâce à vous, je n'ai déjà plus de roses d'automne.

Olivier souffrait comme un martyr, ou plutôt comme Suzanne; toujours indolent ou faible, il ne prenait pas la peine ou n'osait prier sa mère d'avoir pitié des larmes de sa servante. Suzanne révoltée d'une colère si injuste, détacha la rose de ses cheveux et la laissa tomber. Il y eut dans cette action muette tant d'éloquence, tant de noblesse, tant de dignité qu'Olivier tout ému jura sur son âme de toujours protéger Suzanne envers sa mère.

Quand le souper fut servi, Suzanne s'empressa de sortir, et ce fut en vain que madame de Vermand la rappela. — Cette petite sotte, dit-elle à son fils, est indigne de mes bienfaits; si je n'avais compati à son infortune, elle languirait dans la plus déplorable misère. — C'est la fille de cette sauvage de Valvert, dont nous nous amusions tant.

— Suzanne! s'écria Olivier, en se ressouvenant qu'autrefois il avait admiré sa grâce enfantine; — c'est votre servante, ma mère? reprit-il avec angoisses.

— C'est plutôt une amie, dit madame de Vermand, qui craignait de froisser son fils; je sais trop ce que je dois au souvenir de sa mère, pour me servir de sa fille comme d'une des femmes que je paie; mais la paresse devient coupable, mon fils, le travail est la source de tous les biens, et je ne veux pas voir Suzanne oisive.

Olivier, qui se croyait mort à l'amour, sentit son cœur se ranimer à la pensée de Suzanne. Cet amour s'éveillait dans des tristesses infinies, sans espérances à sa suite : madame de Vermand lui coupait les ailes à sa naissance. Ces amours tristes et souffrants fermentent sans cesse dans une tendresse languissante; d'abord étrangers aux ardeurs de la joie, aux charmes des illusions, ils font plus de brèches à l'âme que les amours enflammés, car ces amours-là s'éteignent à la moindre averse. Olivier aima donc Suzanne, non de toutes ses forces, mais de tout son cœur; son amour était en harmonie avec les mélancolies du château, et rien ne le charmait plus dans sa douloureuse passion que la vue des teintes automnales, répandues sur toute la nature. Il cherchait la solitude et fuyait sa mère. Il était devenu si timide dans son amour, qu'il n'osait aborder Suzanne. Et pourtant que de femmes il avait déjà abordées! Mais, dans sa route amoureuse, il n'avait jamais rencontré une fille si pure et si rougissante que Suzanne; il se trouvait dépaysé; à Paris l'amour est toujours dans l'ivresse, la tête est égarée par l'éclat de toutes choses, par la lumière, par la musique et surtout par le regard attrayant des femmes; quand la tête est égarée, l'amour s'enhardit; mais dans le silence et dans la solitude des champs, la tête se calme et l'amour redevient timide; l'amour se voile comme une jeune fille, qui craint un rayon du soleil, un regard des hommes.

III

Un soir, Suzanne, qui s'était réfugiée sous la tonnelle où l'attendait toujours la troupe folâtre des chimères, contemplait le soleil pâli, qui se noyait au couchant dans les vapeurs flottantes. Olivier vint à passer. A la vue de Suzanne, il se troubla, et poursuivit involontairement son chemin; mais après un détour il étouffa sa timidité d'enfant, revint sur ses pas et franchit d'un bond le seuil de la tonnelle. Dans sa candeur Suzanne ne s'effaroucha pas de cette soudaine apparition; elle regarda Olivier, et sa tête attristée retomba sur son sein. Olivier, redevenu calme, lui saisit la main et la pressa en silence; il demeura pendant quelques secondes penché vers Suzanne sans pouvoir lui parler; mais ayant vu se baigner les cils de ses blondes paupières, il appuya les lèvres sur son front, et murmura : Suzanne, je vous aime. Suzanne, ravie, ne songea pas à se défendre d'un second baiser; elle recueillit dans son âme les douces paroles d'Olivier, et s'abandonna sans crainte aux élans de son ivresse. Je ne vous raconterai pas les pures délices de cette soirée, les chastes plaisirs de cette heure odorante d'amour. Olivier, qui avait retrouvé sa candeur passée, dévoilait son âme à Suzanne; jamais confidence amoureuse ne fut plus tendre et plus vraie; il n'eût pas voulu, pour un baiser, tromper Suzanne, qui avait foi en sa parole. Suzanne, à son tour, confessait son péché d'amour; à chaque mot galant, Olivier s'imaginait voir sortir une rose de sa bouche; et pendant ces charmants aveux tous deux souriaient d'enchantement, tous deux se croyaient emportés dans le bleu des nues; Olivier frémissait en baisant la main de Suzanne, Suzanne frémissait au baiser d'Olivier. Je vous le dis, c'étaient des joies perdues en ce monde depuis que les anges n'y descendent plus.

Olivier et Suzanne retombèrent des nues à la voix de madame de Vermand, qui était venue au jardin cueillir des fruits pour le dessert du soir. Suzanne s'échappa de la tonnelle et prit son vol vers la ferme; Olivier demeura sur le banc de pierre, entouré des plus beaux songes de l'amour;

il s'étonnait de trouver encore sous un repli de son âme un sentiment si pur et si divin; à seize ans il avait eu de la croyance en l'amour; plus tard, dans les frénésies de la débauche des sens, il avait douté des élans du cœur; alors, il y croyait comme à seize ans; mais il était surpris qu'une âme ravagée par d'impures passions, par de délirantes voluptés, redevînt tout d'un coup le berceau d'un amour qui semblait descendre du ciel. La jeunesse la plus pauvre a des trésors irravissables de fraîcheur et de pureté. L'âme la plus dévastée garde jusqu'à la mort quelques fleurs pour les mains de l'amour.

Le lendemain, Olivier et Suzanne se retrouvèrent comme par miracle dans la tonnelle; ils s'y retrouvèrent encore les jours suivants; le soleil d'octobre leur jetait tous les soirs un regard d'adieu, et la lune, plus triste encore que le soleil d'automne, assistait à leurs serments; leur amour demeurait pur; nul désir charnel, nulle espérance coupable n'en troublait la limpidité; ils se laissaient nonchalamment aller à la vie comme un nuage au vent. Olivier ne vivait qu'en Suzanne, Suzanne ne vivait qu'en Olivier; ou plutôt ils avançaient ensemble sur la route humaine, s'appuyant l'un sur l'autre, respirant le même air, cueillant la même fleur, écoutant la même chanson. Et pourtant cet amour plein de délices était toujours noyé dans la tristesse : Suzanne voyait souvent un noir nuage au ciel de son âme; elle ressentait une sympathie déchirante pour la nature dépouillée; elle la regardait comme une sœur à son lit de mort; elle suivait avec douleur les feuilles tombantes qu'un souffle chassait au loin; quand les feuilles se détachaient vertes encore de leurs rameaux, sa douleur était plus amère; tantôt elle s'imaginait, la poétique enfant, que peut-être le lendemain elle serait détachée, ainsi que son amant de l'arbre de la vie, et qu'un vent capricieux les disperserait dans l'immense vallée; tantôt elle tremblait que l'âme d'Olivier ne fût changeante comme la nature; tous les soirs, à travers les grands bois de chênes, elle contemplait avec des joies et des peines infinies l'horizon en feu, pâlissant et s'éteignant peu à peu dans la nuit — elle croyait voir l'image de son amour. Olivier lui-même n'était pas étranger aux tristes impressions de l'automne; il aimait le tableau désolant des bois, dont les teintes pâlies n'étaient plus animées que par le feuillage empourpré des cerisiers sauvages.

IV

Madame de Vermand songeait depuis long-temps à marier son fils. Parmi les héritières d'alentour mademoiselle de la Roche l'avait séduite; c'était une grande fille du château voisin; sa laideur avait passé en proverbe dans le pays; elle était méchante et colère; mais tout cela ne l'empêchait pas d'avoir quelques agréments. Le premier de ces agréments était son domaine. Depuis sa naissance madame de Vermand était jalouse des bois touffus, des champs fertiles, des vignes prodigues du château de la Roche; elle avait souvent pensé à réunir cette dépendance à sa ferme, et elle ne désespérait pas d'accomplir son dessein. Au retour d'Olivier, elle lui avait dépeint le domaine de la Roche sous des couleurs attrayantes. Olivier, insoucieux des biens étrangers, ferma d'abord l'oreille aux beaux discours de sa mère; cependant l'attrayante peinture du château de la Roche se grava peu à peu au front de ses espérances, et un matin qu'il s'était éveillé dans un songe d'ambitieux, il s'élança sur un vieil alezan, délaissé depuis la mort de son père, et dirigea sa promenade vers les dépendances tant jalousées par madame de Vermand.

Mademoiselle de la Roche, depuis long-temps orpheline, passait sa vie au château près d'une vieille tante qui la prêchait du matin au soir. Cette vieille tante était devenue dévote après une jeunesse profane; elle savait que la vertu des femmes est la chose du monde la plus fragile, et elle veillait en tremblant sur la vertu de la jeune fille, priant le ciel d'envoyer au plus tôt un épouseur afin d'être délivrée de sa garde; mais les épouseurs qui accouraient en foule au château, alléchés par l'immense fortune de l'orpheline, s'en allaient comme ils étaient venus, après avoir vu mademoiselle de la Roche.

Olivier, qui avait un amour au cœur, fut moins effrayé que les autres galants de la laideur de mademoiselle de la Roche. Comme il ne la regardait qu'à travers son domaine, il vit sa bouche moins grande et ses yeux moins petits. Il fut avidement accueilli par la tante qui commençait à craindre que l'innocence de sa nièce ne passât en proverbe comme sa laideur. Il retourna souvent au manoir et finit par s'accoutumer à la figure de mademoiselle de la Roche dont les regards verdâtres répandaient un torrent d'amour à la moindre de ses paroles galantes. Ses rêves d'amour se transformaient sans cesse. Peu à peu son âme s'éloigna de la tonnelle de chèvrefeuille pour voltiger au château de la Roche; il épousait, dans ses rêves, le patrimoine de la jeune fille, il se voyait le plus riche d'alentour et dépensait déjà ses revenus.

Au retour d'une promenade au château de la Roche, il se sentit moins amoureux que la veille en revoyant Suzanne. Il avait admiré, à la Roche, la grande avenue de vieux ormes, les vastes prairies bordées de saules, l'immense parc couvert de chênes, les champs perdus sous les moissons; toutes ces richesses qu'il avait autrefois dédaignées le séduisaient par-dessus tout; les trésors de son amour s'effaçaient sous leur souvenir; il commençait à ne plus voir que la pauvreté de Suzanne et la fortune de mademoiselle de la Roche; il pensait que son amour passerait comme la beauté de Suzanne, tandis que la fortune de mademoiselle de la Roche serait éternelle comme sa laideur. Olivier n'avait pas le dédain des philosophes qui jettent la pierre à la fortune : ce sont des amants malheureux qui disent du mal des femmes. Olivier avait toujours trouvé la fortune attrayante, il songea bientôt à ravir ses faveurs. Suzanne ne fut plus le soleil de son âme; elle en devint à peine une des étoiles. Il fut déchiré en pensant au délaissement de l'orpheline, mais cette pensée s'envola. Quand elle revint en lui, plus tard, c'était un remords. Le beau temps de leur amour s'enfuit rapidement; Suzanne se trouvait souvent seule sous la tonnelle; elle ne se lassait point d'attendre et d'espérer, car, dans sa candeur, elle croyait sans cesse à l'amour d'Olivier; elle était loin de se douter de l'abandon de son amant. — A son premier amour une femme n'a jamais peur d'être oubliée; mais à l'aurore du second amour une femme tremble déjà. — Suzanne aurait eu foi au cœur d'Olivier pendant toute sa vie, sur la terre et dans le ciel.

Un soir, après avoir vainement attendu sous la tonnelle, elle revint dans le salon; involontairement elle passa sous le rideau de la fenêtre et s'égara dans les sentiers amoureux de son âme. Olivier survint, elle voulut s'élancer à sa rencontre; mais une voix étrangère, une voix de femme l'arrêta soudain et la glaça : Olivier n'était pas seul, une femme le suivait, et cette femme était mademoiselle de la Roche. Olivier qui lui pressait la main l'entraîna dans le salon.

— Où allons-nous ainsi sans lumière? murmura mademoiselle de la Roche d'une voix étouffée.

— L'amour est aveugle, dit Olivier. Asseyons-nous sur ce divan ; j'ai dit à Mariette de venir allumer les bougies.

Par galanterie plutôt que par amour, Olivier baisa la main de mademoiselle de la Roche.

— Oh ! monsieur, si ma tante vous voyait.

— Ne serez-vous pas ma femme dans quelques jours ?

Suzanne, jalouse et révoltée, se sentit défaillir; ce baiser, ces paroles qu'elle venait d'entendre avaient déchiré son cœur; elle voulut courir à l'autre bout du salon pour reprocher à Olivier de l'avoir trompée : elle fut retenue par la dignité de son âme.

Mariette entra dans la salle une lampe à la main ; la lampe s'éteignit, et la pauvre servante, qui croyait aux fantômes, s'avança tout effarée vers une racine de chêne qui se consumait dans l'âtre.

— Ah ! dit-elle, ma mère avait bien raison

de dire que ce manoir était peuplé de revenants; voilà plus de mille fois qu'ils éteignent ma lumière.

Mademoiselle de la Roche sourit, Mariette se retourna avec terreur en laissant tomber la lampe; elle vit dans l'ombre le rideau blanc qui voilait Suzanne, et tout égarée elle s'enfuit de la salle. Mademoiselle de la Roche se mit à raconter à Olivier une effrayante histoire de spectres; elle s'arrêta tout d'un coup dans le feu de son récit : le rideau blanc s'était agité sous les douleurs de Suzanne.

— Voyez-vous? dit-elle à Olivier d'une voix glacée.

— Je vois un rideau que le vent soulève.

— C'est une robe... J'ai peur...

Un amoureux eût pressé la peureuse dans ses bras; mais Olivier, qui n'était pas amoureux, s'avança vers le rideau : un éclair traversa sa pensée — avant d'entr'ouvrir la gaze, il savait que Suzanne était là.

— Eh bien ! que voyez-vous ? demanda mademoiselle de la Roche.

— Je ne vois rien, répondit Olivier en saisissant la main de Suzanne.

Suzanne n'eut pas la force de détacher sa main.

— Suzanne, ayez pitié de moi ! je vous aime toujours.

— Que dites-vous donc ? demanda mademoiselle de la Roche.

— Je dis que je vous aime.

Suzanne avait le cœur brisé.

— Jurez de m'aimer long-temps, reprit la jeune héritière, jurez sur le fantôme que nous avons vu. C'est sans doute l'ombre d'un de vos aïeux : votre serment sera sacré.

— Suzanne, mon serment ne sera qu'un mensonge, mon amour est à jamais en vous.

— Jurez sur moi, sur notre amour, dit Suzanne ; notre amour n'est plus qu'une ombre.

Mademoiselle de la Roche s'avançait vers la fenêtre.

— Arrêtez! s'écria Olivier.

La jeune héritière s'avança encore. — Olivier courut à sa rencontre.

— Je vous aimerai toujours, dit-il faiblement.

Il espérait ne pas être entendu de Suzanne; mais une femme jalouse écoute de la tête et du cœur. Suzanne entendit l'horrible serment, et s'enfuit tout éperdue. A peine fut-elle sortie de la salle que mademoiselle de la Roche dit avec joie en se jetant dans les bras d'Olivier : — Merci! merci! vous m'avez juré sur elle de m'aimer toujours. Pourquoi feindre? je sais tout. Vous l'aimiez avant de m'aimer, cette servante de votre mère.

Olivier, révolté, songea à repousser l'héritière de ses bras; mais il se souvint de son domaine, et son amour aux abois fut apaisé par l'ambition.

Suzanne s'enferma dans sa chambre, qui était au-dessus de la grande salle; après s'être long-temps appuyée contre la porte, elle alla vers la fenêtre qui était ouverte sur le verger : il tombait quelques flocons de neige ; la lune rougeâtre, s'échappant des grands ormes de la montagne, jetait son regard timide sur le verger; le vent mugissait par intervalles; les feuilles desséchées s'envolaient des arbres comme des oiseaux pourchassés; les feuilles tombées s'enfuyaient bruyamment ou s'amassaient sous les haies. Suzanne contemplait d'un œil morne les grandes ombres des arbres du verger, elle écoutait le bruyant murmure du feuillage; mais elle voyait Olivier adorant mademoiselle de la Roche; mais elle entendait le bruit ineffaçable du baiser. Elle s'imaginait que les vagues rumeurs du soir étaient les échos des amoureuses paroles qui se murmuraient au-dessous d'elle. Elle bénissait Dieu de l'avoir conservée pure dans l'amour; elle bénissait le ciel de l'avoir éclairée avant le danger. Et tout-à-coup son délaissement l'égarait; l'amour qu'elle venait de perdre était son seul bien dans la vie : c'était le soleil qui rayonnait en son âme, c'était le songe charmant dans sa nuit. Olivier était son amant, sa famille, son dieu; sans Olivier que lui restait-il en ce monde, où elle avait à peine souri? Il lui restait, la pauvre fille, madame de Vermand, qui la courbait sous son joug odieux. Son existence, mollement soulevée par l'amour comme un nuage par la brise, retombait lourdement sous les chaînes de l'esclavage; elle désespéra de l'amour, elle désespéra de prendre un second élan vers le ciel, et dans ce désespoir terrible elle eut peur de la vie; c'était à ses yeux un immense désert qu'elle allait traverser sans appui.

— Oh! s'écria-t-elle en sanglottant, être seule! — seule!

L'Angelus sonna à Valvert; elle tomba

agenouillée devant la fenêtre, et se mit à prier pour apaiser son mal. Dans sa ferveur elle oubliait presque son infortune, quand tout-à-coup les sons d'une harpe traversèrent son âme comme une litanie; elle écouta avec angoisses, et elle entendit chanter Olivier. — Il chante! murmura-t-elle en tombant évanouie.

Son front atteignit le bord de la fenêtre, un flot de sang en jaillit, et on n'entendit plus dans sa chambre que la joyeuse chanson d'Olivier.

Pendant le souper, un serviteur qui arrivait de la ville prochaine vint déposer une corbeille de noces dans la chambre de Suzanne : c'était la corbeille de mademoiselle de la Roche. Olivier devait la porter le jour même au château de sa fiancée. Le serviteur, attardé au cabaret, n'avait pas osé remettre la corbeille entre les mains de madame de Vermand; en la déposant dans la chambre de Suzanne, il espérait, par la confusion qui régnait au château, tromper sa maîtresse sur l'heure de son retour.

Au bruit des pas de cet homme, Suzanne se réveilla à la vie, mais elle était devenue folle. — J'ai faim! j'ai faim! s'écria-t-elle en rouvrant les yeux.

Elle se releva avec peine, et se remit en contemplation au bord de la fenêtre; la lune et les étoiles s'étaient voilées; une nuée immense, qui venait de se déployer sur le ciel, secouait des flots de neige. — L'hiver passe dans l'âme d'Olivier, murmura la folle.

V

Suzanne demeura plus d'une heure à la fenêtre, égarée dans la nuit profonde de son âme; la lune reparut toute brisée dans les branches noires des ormes; effrayée des ombres agitées du verger, la foll ferma la croisée, et courut se jeter sur son lit en se cachant la tête dans l'oreiller. Le lendemain fut le jour le plus étrange et le plus merveilleux de sa folie. Le soleil l'éveilla en caressant ses blondes paupières de son plus doux rayon. Son premier regard s'arrêta sur la corbeille de noces ; son cœur palpita ; une grande joie la saisit ; elle s'élança d'un bond dans sa chambre et s'agenouilla devant la corbeille ; dans son égarement, elle en arracha le couvercle ; à la vue des parures et des fleurs d'oranger, elle pâlit, elle rêva — puis tout-à-coup ses yeux s'animèrent, et elle s'écria : — Olivier ! Olivier !

Elle s'était emparée de la couronne ; elle la dévorait du regard — peu à peu son œil s'éteignit, son front pencha douloureusement, la couronne s'échappa de sa main. Elle se leva avec majesté, regarda dégaigneusement la corbeille et foula du pied la couronne en riant comme une pauvre folle qu'elle était. La tête appuyée sur la main, elle s'avança lentement vers la fenêtre, et revint d'un pas rapide devant la corbeille. Elle vit avec regrets la couronne flétrie, et leva les yeux au ciel en demandant sa grâce. Son regard humide s'arrêta sur un miroir doré qui formait le seul ornement de sa chambre. En voyant sa tête échevelée et sa joue pâlie, elle recula avec angoisses sans reconnaître son image. — C'est elle, c'est son épouse, dit-elle en s'animant. — Elle est laide, il ne peut l'aimer.

Elle saisit le bouquet de fleurs d'oranger et l'attacha sur son sein. — Elle a aussi un bouquet sur son cœur, reprit-elle en revoyant son image. — Mais Olivier ne peut l'aimer ; elle est laide, il la repoussera.

Elle se drapa d'un cachemire blanc, se voila de l'écharpe et saisit un éventail à paillettes.
— J'arriverai à lui avant elle. A la voir si pâle, si frêle, si chancelante, on devine qu'elle n'aura pas la force d'avancer. — Moi, je me sens des ailes aux pieds.

Elle s'enfuit en s'écriant : — Je l'ai vue

s'élancer aussi. — Olivier ! O mon Dieu !

Elle roula dans l'escalier : le ciel protège les fous comme les enfants — elle se releva sans ressentir la plus légère douleur ; et, redevenue rêveuse, elle se demanda pourquoi elle était descendue. Elle traversa la cour et courut au verger dans la crainte d'être vue. A la porte du verger, un papillon grisâtre, qui semblait braver l'hiver, prit son vol devant elle et s'abattit dans une touffe de fraisiers. Elle s'inclina pour le prendre ; mais le papillon rebelle se mit à voltiger autour d'elle en déployant mille coquetteries dont elle fut charmée. Dans son désir d'attraper l'inconstant, elle oublia Olivier. Un nouveau monde, le monde des fous, s'ouvrit à ses yeux. Elle s'amusa des fantaisies romanesques de sa pensée, des chimères de son imagination, des extravagances de ses rêves ; son regard aride demeura long-temps égaré dans le bleu des nues dont elle aimait les formes et les couleurs changeantes ; à chaque métamorphose, elle croyait voir une chose animée; tantôt c'était sa rivale dont la robe blanche flottait dans l'azur; tantôt c'était Olivier que le vieux alezan emportait à l'horizon; — ou bien c'était le convoi de sa mère — ou son berceau couvert d'un voile. Mais tous ces tableaux gigantesques, toutes ces peintures échevelées s'évanouirent peu à peu; le ciel redevint pur, et la folle sortit du verger pour se perdre dans les détours du jardin. C'était un jardin de châtelaine et de fermière. En face d'un tilleul centenaire ombrageant une nappe de verdure, on voyait un pommier normand secouant son fruit verdâtre dans un champ d'artichauts; sous un frêle et chétif oranger, l'œil désenchanté rencontrait un verdoyant bouquet de persil ou de cerfeuil. Ce désaccord n'était pas sans charme pour madame de Vermand, qui aimait l'ombrage du tilleul et les fruits du pommier.

Après avoir erré long-temps, Suzanne s'arrêta devant une petite source fuyant dans un gué qui servait de lavoir à la ferme. A la vue de cette source plus bruyante qu'un enfant qui joue, sa faim se réveilla en ouvrant ses griffes ; pour l'apaiser, la pauvre folle plongea ses lèvres dans le cristal. — J'ai trop bu, je me suis enivrée, dit-elle en relevant sa blonde tête. — Je vois tourner les arbres. — O mon Dieu ! je vais tomber dans le ciel. L'écharpe dont elle s'était voilée s'accrocha à un groseiller renversé sur l'eau ; les franges entraînées balayèrent le sable gris des bords de la source, et la folle toute désolée les baigna dans l'eau la plus claire. — Hélas ! dit-elle en repoussant ses cheveux épars, j'ai taché mon voile blanc le jour de mes noces.

Elle secoua en pleurant l'écharpe arrosée, et l'étendit au soleil sur un rosier ; mais le soleil d'hiver n'avait plus de feu dans ses rayons.

— Mon cœur est plus chaud que le soleil, reprit-elle.

Elle dévoila sa gorge, et mit l'écharpe sur son cœur. — Ah! murmura-t-elle toute glacée.

Et elle tomba évanouie sur l'herbe.

VI

La ferme était dans un grand trouble. Madame de Vermand appelait à grands cris Suzanne ; elle était agitée d'une colère terrible envers l'orpheline depuis qu'elle avait vu dans sa chambre les parures éparpillées, la couronne foulée aux pieds, depuis qu'elle avait vu toute la corbeille en désordre. Elle avait toujours craint que son fils ne s'éprît de Suzanne ; elle ne pouvait pardonner à Suzanne d'aimer son fils, et d'être jalouse de mademoiselle de la Roche. Tout en appelant la pauvre folle pour la chasser impitoyablement du château, elle s'avança avec Mariette vers les grands saules qui couvraient le gué. Elle vit enfin Suzanne couchée sur l'herbe et ensevelie dans le cachemire ; elle courut à elle, et dans sa colère elle faillit la fouler aux pieds, comme la folle avait foulé la couronne ; mais à la vue de sa tête inanimée, sa colère tomba tout-à-coup. — Suzanne! ma fille! dit-elle en la soulevant dans ses bras.

Suzanne entr'ouvrit sa paupière et s'écria : Ma mère! Olivier!

Madame de Vermand vit bientôt que la pauvre fille était folle ; elle l'emmena au château, et, devenue par miracle sa seconde mère, elle l'entoura de la plus tendre sollicitude, ayant soin de cacher cet événement à son fils. Olivier avait passé la matinée au château de la Roche, ne rêvant qu'à Suzanne, dont la douce image était revenue dans son âme. Il avait chanté la veille, mais sa chanson, qui avait déchiré le cœur de Suzanne, avait en lui un douloureux écho. En se promenant dans le parc avec mademoiselle de la Roche, il regrettait son mélancolique amour d'automne, et voyait avec horreur venir le lendemain. Il se sentait trop faible pour oser se révolter contre sa mère et démentir ses promesses; il se soumettait d'avance aux chaînes de sa destinée. Et puis, il n'avait peut-être pas encore perdu le lointain désir de s'élever par la fortune. Dans l'après-midi il revint à la ferme, inquiet du retard de la corbeille. Il trouva sa mère au salon tout attristée par la folie de Suzanne. Madame de Vermand lui dit qu'un malheur était survenu dans l'envoi de la corbeille, qu'il avait fallu retourner à la ville, et que c'était pour cela qu'il la voyait si désolée. Olivier s'étonna de ne pas voir Suzanne auprès de sa mère. Il s'en alla chercher la solitude du jardin et les souvenirs de son amour suspendus aux branches des arbres, accrochés aux épines des rosiers, endormis dans les fleurs mourantes. Quand il fut sous la tonnelle, il appela Suzanne. — Suzanne serait venue, qu'il fût détourné d'elle. Plus que jamais l'inconstance lui semblait illégitime ; il pensait aussi que l'amour était la plus noble des religions humaines, et il se maudissait d'être un impie. Suzanne ne vint pas ; il l'attendit en vain jusqu'à la nuit ; dans son tourment il erra aux alentours de la ferme, toujours poursuivi par ses regrets.

Comme il jetait ses regards à l'aventure, il vit briller une lumière dans la chambre de la folle; il rentra avec émoi ; madame de Vermand le retint auprès d'elle et lui reparla de son triomphe sur les soupirants du pays.

— O mon fils ! lui dit-elle à diverses reprises, vous aurez une noble femme et un beau domaine.

La soirée passa lentement pour Olivier ; il subit en silence tout le caquet de sa mère, qui ne cessa de faire l'éloge de mademoiselle de la Roche, et des royales dépendances du château. Enfin, madame de Vermand, lasse d'agir et de parler, s'en alla dormir, à la grande joie d'Olivier qui demeura encore une demi-heure au coin du feu pour ressaisir tout son courage, après quoi il courut à la chambre de Suzanne, le cœur oppressé comme s'il allait mourir. Mariette venait d'en sortir ; Suzanne était seule ; elle chantait sur un vieil air, en suivant du regard une imprudente phalène qui tournoyait à la lumière :

> Petite Phalène,
> Prends garde à tes ailes.

Olivier, qui était demeuré sur le seuil de la porte, écouta d'abord avec surprise. La tristesse de l'air et la mélancolie des paroles couvrirent son âme de deuil. Il s'avança dans une morne lenteur vers la pauvre folle et lui saisit la main avant qu'elle eût retourné la tête. En voyant son amant, Suzanne poussa un cri sec et se jeta dans ses bras avec frénésie.

— Olivier! Olivier! dit-elle en pleurant de joie, je te croyais perdu, je m'ennuyais à mourir! regarde-moi, ton regard est un enchantement; parle-moi, ta voix est une ivresse. — Quelle pâleur funèbre, quelle tristesse lugubre, mon Dieu! — Moi je suis la plus gaie et la plus folle des amantes; je danse et je chante sans cesse; c'est que j'ai de l'amour au cœur; — vous n'en avez plus, Olivier?

Suzanne se détacha des bras de son amant, et pencha la tête au-dessus de la lampe. Olivier, effrayé de la voir ainsi, se rapprocha d'elle et lui reprit la main. — Hélas! dit-elle en voyant tout-à-coup la phalène qui n'avait plus d'ailes et qui se traînait péniblement sur la table, je suis comme cette infortunée, j'ai perdu mes ailes, puisque j'ai perdu les espérances qui m'enlevaient au ciel. — Voulez-vous la voir Olivier, votre épouse? — Elle est là! — Elle est là! — Oh! la jalousie est un supplice horrible!

La folle entraîna Olivier devant le miroir.

— La voyez-vous? qu'elle est laide avec ses guenilles! — Vous êtes avec elle! O mon Dieu, mon Dieu! quelle indignité de me tromper ainsi! vous en serez puni, Olivier; cette ombre blanche que vous avez vue hier vous suivra partout, jusque dans les bras de cette femme.

Olivier était dans le martyre.

— Vous êtes avec elle, reprit la folle en se laissant tomber sur le sein de son amant.

— Je suis avec vous, dit faiblement Olivier en lui baisant les cheveux.

— Hélas! vous en trompez deux; je vous ai vu par là, appuyé sur elle, l'embrassant comme moi. — Je suis jalouse, Olivier, je suis jalouse!

Olivier détourna la tête du miroir en essayant de consoler Suzanne. Dès qu'elle fut loin du miroir, un autre panorama se dévoila dans sa tête; elle redevint gaie et folâtre; elle se balança mollement dans les bras aimés du trompeur, et se remit à chanter:

> Petite Phalène,
> Prends garde à tes ailes.

Dans son léger balancement un désir vint allumer ses yeux et colorer ses joues; un désir vague, nuageux, étouffant; Olivier en fut atteint; il ne vit pas sans frémir de volupté Suzanne penchée languissamment comme une fleur dans l'amour; il la berçait dans ses bras entr'ouverts, et ses bras irrités demandaient à l'étreindre en se refermant. Suzanne, enivrée, délirante, et folle par-dessus tout, s'abandonnait en aveugle au désir entraînant. — Je suis à toi jusqu'à la mort! dit-elle tout éperdue.

Olivier, pâle et troublé, la regardait dans une amoureuse tristesse.

— A toi! reprit-elle en déchirant son corsage.

VII

Le lendemain Olivier devint l'époux de mademoiselle de la Roche et le souverain maître de son domaine. L'espace qui le séparait de Suzanne affaiblit ses regrets. Pour lui le jour des noces se passa plutôt dans l'éclat bruyant de la fête que dans les douloureux souvenirs de son amour. Après l'éclat bruyant de la fête, l'amour apparut encore au ciel de son âme, mais souvent voilé par les vapeurs épaisses de l'orgueil. C'était le soleil à son déclin, le soleil pâlissant et refroidi, se perdant sous les nuages de l'horizon, ne reparaissant avant la nuit que par intervalles et au travers de voiles floconneux. La nuit ne vint pourtant pas pour l'âme d'Olivier, qui demeura dans un crépuscule éternel; l'amour s'était caché à l'horizon, mais on en devinait encore le passage enflammé. Cet amour perdu dans les ténèbres, n'ayant plus de rayons pour illuminer Olivier, avait laissé en lui une mélancolie dévorante qu'il pourchassait à grand'peine. Cette douleur invisible revenait surtout quand il était auprès de sa femme; alors il commençait à en saisir la forme et la couleur : la folle lui avait dit qu'une ombre blanche le poursuivrait sans cesse: — la prédiction de la folle s'accomplissait. Et l'ombre était si froide et si obstinée, c'était un remords si pâle et si gémissant, qu'Olivier en avait peur sur le sein de sa femme. Quand il pensait à aimer mademoiselle de la Roche, il lui semblait entendre une musique inharmonieuse et grinçante après un divin concert.

Il allait à peine une fois par semaine à la ferme de sa mère; il ne voyait pas Suzanne, qui demeurait toujours enfermée dans sa chambre, n'ayant d'autre distraction que sa folie ou la vue des visions des nues et des fantaisies d'hiver; mais sa mère tomba malade, et il vint plus souvent. La maladie fut terrible. Dans les crises les plus violentes il passa les nuits à veiller sa mère; Suzanne n'apparaissait jamais. Quelquefois, comme il sortait au milieu de ses veilles pour échapper à l'atmosphère amère de la malade, il entendait chanter la folle; c'étaient des sons vagues, des paroles sans suite s'élevant dans la sérénité de la nuit;

ces notes plaintives avaient un écho mourant en son cœur; il écoutait avec des défaillements sans nombre; quand il voulait fuir, la main glacée du remords s'appuyait sur lui; il fallait qu'il entendît tout pour sa punition. Il était rare que son nom ne s'envolât des lèvres de l'infortunée; alors sa douleur était inexprimable, et plus d'une fois il lui arriva de répondre par un sanglot aux sanglots de Suzanne. Il y avait plus de compassion que d'amour dans sa peine : Suzanne heureuse, il eût détourné les yeux de son image.

La maladie poursuivit ses ravages sur madame de Vermand, qui fut bientôt à l'heure de sa mort; elle s'éteignit sans murmure sous les regards désolés de son fils, qui essayait de la ranimer à l'espérance. Avant de s'envoler au ciel, son âme eut un généreux élan, comme si Dieu l'eût déjà remplie de sa grâce : madame de Vermand se confessa à son fils de ses torts envers Suzanne, qui l'avait entourée de tant de soins et de tant de dévouement. — O mon enfant, dit-elle d'une voix brisée, répare mes fautes, protège à jamais la folle.

Olivier jura sur son âme ; sa mère lui tendit une main déjà glacée, et l'ange de la mort abaissa ses paupières.

A peine madame de Vermand eut-elle rendu son dernier souffle, que Suzanne vint tomber agenouillée devant le lit.

— Votre mère est morte, dit-elle à Olivier d'un air d'inspirée — Dieu me l'a dit — elle a prié pour moi et je viens prier pour elle.

VII

Quelques jours après les funérailles de madame de Vermand, Mariette, rencontrant Olivier à la porte du jardin, lui dit d'une voix timide que Suzanne était enceinte.

Cet avertissement fut un orage pour le

cœur d'Olivier. La veille de son hymen, Mariette l'avait vu sortir tout en désordre de la chambre de la folle, et n'osant pas démentir la pensée hardie de la jeune servante, il fit, dans un regard troublé, l'aveu qu'il était père de l'enfant qui s'agitait dans le sein de Suzanne. Il pria Mariette de garder ce mystère dans l'ombre de son cœur, et s'en retourna désespéré au château de la Roche. La semaine suivante il afferma son héritage, et la maison paternelle, naguère si bruyante, devint triste et silencieuse comme une tombe; tous les serviteurs allèrent au nouveau fermier : Mariette seule demeura au manoir de Valvert pour y surveiller la folle. Olivier espérait que, dans cet isolement, le mystère qui l'effrayait serait à jamais inviolable. Il avait eu l'idée de conduire Suzanne dans un refuge de fous, loin, bien loin du pays; mais le dernier vœu de sa mère était revenu chasser cette idée : d'ailleurs il y avait en lui une voix toujours gémissante qui priait pour la délaissée.

Depuis la mort de madame de Vermand jusqu'à l'heure de sa maternité, la folie de Suzanne fut calme, silencieuse, légèrement voilée de mélancolie; il était rare qu'elle éclatât en joie bruyante ou en douleur profonde. Mariette, qu'elle appelait sa sœur, passait toutes ses heures auprès d'elle : c'était la seule amie qu'elle eût rencontrée dans ce monde. Mariette, touchée au fond du cœur des infortunes de Suzanne, ne trouvait pas de plus grand bonheur que de la servir et de la consoler. Cette amitié si pure avait versé dans son âme un rayon de lumière qui l'éclairait en la chauffant, et qui dissipait peu à peu les plus lourds nuages de l'ignorance. C'était d'ailleurs une jolie fille, qui semblait mignonne parmi les paysannes de Valvert. Elle touchait à peine l'aurore de la jeunesse, et le premier sentiment qui l'avait animée était son amitié pour Suzanne.

Pendant l'hiver, qui fut souvent humide, Suzanne ne dépassa pas la porte du château; sa promenade l'entraînait toujours au lavoir du jardin; elle passait des heures à regarder les flots bleus et frémissants de la petite source. Un soir pourtant Mariette la chercha vainement au jardin; c'était en avril; la nature se réveillait aux premiers baisers du printemps. Mariette, désolée de ne pas voir revenir la folle, se maudissant de l'avoir perdue des yeux, courut pendant plus d'une heure aux alentours du château. Comme elle se désespérait au bord du chemin, elle se souvint que Suzanne, avant sa folie, allait souvent à Valvert, dans la petite maison de sa mère, pour en revoir l'ameublement, pour y toucher encore des lèvres les habits de la défunte, qui étaient devenus de précieuses reliques pour l'orpheline. Dans ce souvenir, Mariette pensa que sa pauvre amie ne pouvait être qu'à Valvert, et sans plus y réfléchir, elle se mit en course vers le village. La jeune servante était de ces natures craintives que la frayeur domine si aisément la nuit; à la vue du cimetière qui aborde le village du côté du château, comme ces navires qui ont jeté l'ancre et qui attendent des passagers, elle s'arrêta toute glacée, le regard en proie à mille visions. Pour vaincre sa peur, elle chanta : ainsi fait-on dans les campagnes; mais la chanson mourut bientôt sur ses lèvres : une ombre noire s'était agitée sur une tombe sous ses yeux errants; une voix plaintive réveilla l'écho, c'était la voix de Suzanne.

Mariette échappa à la peur en s'élançant vers la folle.

— Que faites-vous donc là? lui demanda-t-elle.

— Je prie pour ma mère; il m'a toujours semblé que Dieu entendait mieux les prières durant la nuit.

Suzanne ne sortit que cette seule fois du

château. Un autre soir, elle poursuivit Olivier jusque dans l'avenue. — Ton image me déchire le sein, lui cria-t-elle en s'arrêtant désespérée de ne pouvoir l'atteindre.

La pauvre folle ressentait déjà les douleurs de l'enfantement.

Ce soir-là, elle revint vers Mariette plus ravagée que jamais, car elle souffrait du corps et de l'âme. Jamais elle n'avait vu disparaître Olivier avec autant de peine; ses gémissements n'avaient pu l'arrêter; son appel était demeuré sans écho. C'était horrible. Olivier d'ailleurs souffrait comme elle en la fuyant; vingt fois il avait voulu revenir sur ses pas; mais craignant toujours une scène déchirante, il s'était perdu dans l'ombre.

Suzanne accoucha dans des douleurs inouïes vers la fin de juillet; elle eut deux enfants, un fils et une fille; le fils sourit d'abord à la lumière, et fit bientôt la grimace; la fille, plus frêle et plus blanche, semblait demander le sein de sa mère par ses cris douloureux. Olivier donna un baiser à son fils, une larme à sa fille ; et le soir de l'accouchement, il pria Mariette d'aller à la ville voisine déposer les nouveaux-nés à l'hospice des enfants trouvés. Sa femme était enceinte ; il voulait que les enfants de Suzanne demeurassent à jamais inconnus. L'alezan emporta la servante et les jumeaux. Quand Mariette arriva devant l'hospice, elle ressentit une peine infinie à la pensée d'abandonner les deux beaux enfants endormis sur son sein ; elle arrêta l'alezan et les contempla d'un œil alarmé en rêvant au moyen de les reconnaître un jour ; mais deux ivrognes s'avancèrent alors dans la rue de l'hospice ; elle perdit la tête, se laissa glisser à terre, et après avoir dénoué l'écharpe qui suspendait les gracieux jumeaux à son cou, elle sonna d'une main agitée. Le tour s'ouvrit lentement : en voyant le triste berceau où elle allait déposer les deux enfants, son cœur s'oppressa; elle les retint d'une main avide; mais les ivrognes approchaient : elle abandonna les jumeaux à la grâce de Dieu.

Olivier veilla la folle durant la soirée; l'infortunée avait toujours les bras tendus. — Etait-ce vers Olivier? était-ce pour ressaisir les enfants qu'il lui dérobait avec tant de barbarie? Muette dans sa douleur, elle semblait ne voir que les rideaux; pour elle, tout un monde s'agitait là : c'étaient les chimères, les douleurs, les espérances, les désenchantements qui avaient animé sa folie.

Olivier, las de la voir se débattre avec son mal, était allé s'asseoir sur le bord de la fenêtre. Le ciel étincelait d'étoiles; les coucous sifflaient dans les bois, les grenouilles chantaient dans les marais; les moissons qui couvraient la terre répandaient un parfum de richesse et de bonheur; ce parfum fut amer pour Olivier qui se sentait jaloux de la joie universelle de la nature. — J'ai perdu ma vie, dit-il tout-à-coup; j'étais fou long-temps avant Suzanne, puisque j'ai vu la fortune dans le mariage au lieu d'y voir l'amour. — Hélas! dans la fortune mon cœur s'est appauvri.

Il vint à songer à ses enfants qu'il jetait par le monde avec l'insensibilité d'un capitaine de navire qui jette un fardeau dans la mer, et une voix aiguë s'éleva du fond de son âme, et lui dit : — C'est un crime d'abandonner son enfant au seuil de la vie. — C'est une barbarie de le ravir à sa mère qui l'aurait nourri de son lait, qui lui aurait fait un berceau de ses bras, un oreiller de son sein; cet enfant est mort aux joies de l'enfance dont le souvenir rayonne sur toute la vie; il sortira de l'hospice, et qui sait s'il trouvera un seul abri sur la terre! Un jour un mendiant viendra tendre la main à ta porte, tes valets le chasseront avec leurs dédains, et ce mendiant sera ton fils peut-être!

La voix parla long-temps ainsi; elle s'apaisa dans les sanglots d'Olivier. Quand vers minuit Mariette revint il venait de s'endormir devant le lit de Suzanne.

— A-t-elle demandé ses enfants ? lui dit Mariette à son réveil.

— J'espère, dit Olivier dont le cœur s'était refermé, j'espère qu'elle ignorera toujours sa maternité.

La jeune servante se détourna pour cacher ses larmes. — Pauvre mère ! pauvres enfants ! murmura-t-elle.

IX

L'automne revint triste, embrumé, jetant ses guenilles au vent. Suzanne ne demandait point ses enfants; pourtant, elle tendait quelquefois ses bras dans le vide avec une angoisse déchirante. — Perdu! perdu à jamais! s'écriait-elle alors toute pleine de larmes. Elle ne parlait point ainsi d'Olivier, puisqu'elle croyait sans cesse à l'amour de son amant, puisqu'elle avait oublié son hymen avec une autre.

Elle retomba malade aux premières neiges.

Un matin, après un sommeil agité par mille songes confus, après des heures de délire, elle s'éveilla calme, elle redevint timide et rougissante comme elle était avant sa folie; les doux souvenirs de son enfance rafraîchirent son âme; c'étaient de pures rosées tombant du ciel dans les ardeurs de l'été. Le souvenir d'Olivier la charma d'abord; mais bientôt elle s'écria : — Il n'est plus à moi!

Suzanne n'était plus folle.

Et par une des bizarreries de la nature, elle ne se souvint pas de ce qui s'était passé dans sa folie. Elle se croyait au sortir d'un songe horrible qui l'avait déchirée toute la nuit; elle essayait en vain de se rappeler ce songe; il lui revenait quelques idées confuses : elle se balançait dans les bras d'Olivier, et un nuage passait ; elle se parait du bouquet virginal, et le nuage passait encore ; un vague sentiment de la maternité agitait son âme attendrie, et le nuage passait toujours, et ses regards ne pouvaient en percer la trame. Elle mit sa robe et s'avança toute chancelante vers sa fenêtre. En voyant son image flétrie dans le miroir, les souvenirs l'abordèrent encore ; elle pensa vaguement à l'épouse d'Olivier ; mais sa vue se perdit vainement dans les voiles du mystère. Quand elle fut devant la fenêtre, elle ne s'étonna point de la neige qui blanchissait le coteau : n'avait-il pas neigé une heure avant sa folie ? Elle regarda tristement les arbres dépouillés ; dans le verger, elle crut reconnaître quelques feuilles rebelles aux frimas, quelques feuilles que, le dernier automne, elle avait encouragées du regard, dans leur lutte avec l'hiver. Rien n'avait changé dans sa chambre ni dans ses vêtements; depuis un an nulle de ses robes n'était sortie de son armoire, nul de ses meubles n'avait disparu.

Mariette entra pendant qu'elle voyait à toutes ces choses.

— Mariette! Mariette! s'écria-t-elle, que s'est-il donc passé?

— Rien, dit à l'aventure la jeune servante.

— Ai-je été malade? ai-je été folle? — ou n'est-ce qu'un rêve — un rêve étrange!

— Vous avez été malade, dit Mariette, avec émoi; vous avez eu le délire.

— Ah! oui, le délire! voilà pourquoi je suis si troublée. — Il y a long-temps sans doute que je suis malade; pourtant les arbres ont encore des feuilles; — il y a à peine un mois.

Mariette regardait Suzanne avec surprise et demeurait muette.

— Quel songe terrible, Mariette! il m'a semblé que mon cœur s'ouvrait; j'ai entendu les cris d'un enfant; et pourtant je ne serai jamais mère! Mais quel silence! nous sommes donc seules ici?

— Madame de Vermand est morte.

— Morte! que vais-je devenir, ô mon Dieu!

— En mourant, madame de Vermand a prié son fils pour vous.

— Olivier! Olivier! murmura Suzanne en baissant les yeux. — Où est-il? poursuivit-elle timidement.

— Au château de la Roche.

— Tout est fini! pensa la pauvre fille.

Le soir, elle vit Olivier. Cette entrevue fut quelque chose d'amer et de déchirant pour tous les deux; ils ne se parlaient guère, mais que de souffrances cachées ils se révélaient dans un regard! Olivier, qui avait les remords de son côté, essayait de consoler Suzanne qui était à jamais inconsolable. Il lui parlait encore d'amour; mais l'amour semblait une ironie sur ses lèvres. Cependant il y avait tant de charmes dans ses yeux et dans sa voix, que Suzanne, trop faible et trop confiante, se laissa bercer encore d'espérances, et lui promit de passer sa vie au château; mais dès qu'il ne fut plus là, dès qu'elle se fut rafraîchie dans l'air pur de la nuit du souffle enivrant d'Olivier, le sentiment du devoir qui luttait en elle contre l'amour triompha bientôt; elle refugia son âme dans le souvenir de sa mère, et s'enfuit du château.

Le lendemain, on remit à Olivier une lettre qui ne renfermait que ce seul mot écrit par Suzanne : — Adieu ! —

LIVRE II.

Robert.

La rivière d'Orne roule ses eaux verdâtres dans un lit capricieux qui traverse les plus charmantes vallées de l'ancienne Normandie. A quelques lieues de Valvert, en suivant le cours de cette rivière, on se trouve tout d'un coup dans un pays désert; des arbres chétifs tremblent au-dessus d'un sol ingrat; les prairies, si verdoyantes aux alentours, sont là stériles ou desséchées; un éternel hiver semble y régner; le ciel y est moins pur, et la rivière y passe plus rapidement qu'ailleurs. Ce pays désert ressemble à un cimetière au milieu de riches campagnes; à son aspect le voyageur, ravi des tableaux riches et variés où s'était perdu son regard, recule avec un sentiment de tristesse comme s'il voyait la mort dans la vie. Si le voyageur est une de ces créatures joyeuses et insouciantes, qui n'aiment à reposer les yeux que sur les paysages éclatants, il prendra un détour et ne sortira pas de sa route, pleine d'ombres, de verdures, de musiques et de parfums; si le voyageur est une nature triste et rêveuse, s'il voit clair avec les yeux de l'âme, il aimera ce pays sauvage et suivra toujours la rivière. Entre deux montagnes couronnées de roches on rencontre de vieilles maisons groupées autour d'une église chancelante, dont on admire les sculptures gothiques de la porte et les vitraux peints des ogives. C'est là le village de Soucy. En face de l'église, la rivière qui baigne ses noires murailles est couverte de barques et de nacelles; une île ovale déploie vers le milieu une belle robe verte étoilée de primevères, d'amourettes ou de marguerites; ce petit espace est le paradis du village : on y danse les dimanches et les jours de fêtes; les galants du pays y poursuivent leurs belles; tous les soirs à la nuit tombante on y voit passer à travers les baies rouges des sorbiers, les rameaux des églantiers et des épines blanches, les jeunes paysannes dont le costume est très pittoresque; on y voit aussi quelques grisettes échappées de la ville prochaine, où elles étaient ignorées, dans l'espérance d'être reines en ce désert où elles sont couturières, sans doute en attendant.

A la sortie du village, une avenue bordée d'ormeaux et tapissée de verdure conduit à une fontaine dont les sculptures brisées gisent çà et là dans les grandes herbes. Ces sculptures, d'un style gothique, ne sont rien autre chose que des têtes de vampires formant autrefois une couronne à la fontaine. Dans la révolution, les malins du pays, s'imaginant que c'étaient les têtes des premiers rois de France, se sont amusés à les abattre. Dans leur zèle aveugle, ils s'avisèrent même de briser une tête de lion qui, pendant un siècle, ne s'était pas lassée de verser à boire à tout le village; au dire des vieilles femmes, la source, effrayée de ce sacrilége, n'avait plus osé sortir de son lit, et depuis ce temps-là, au lieu de tendre sa cruche sous la gueule du lion, il fallait puiser l'eau dans le bassin.

En 1820, vers la fin du printemps, une bruyante troupe d'écoliers en jaquettes s'ébattaient le plus joyeusement du monde devant la fontaine de Soucy pendant que les filles allaient sourire aux galants dans l'île boccagère; c'était le soir aux dernières clartés du soleil, qui se baignait dans une vapeur pourprée noyant l'horizon. Le vent s'endormait sur les feuilles; son dernier souffle se perdait dans les cris des enfants dont les lutineries ne cessaient point. C'étaient des enfants beaux de jeunesse et d'insouciance; de blondes et folles têtes qui n'avaient encore d'amour que pour leur mère, de haine que pour leur maître d'école. Leurs pieds nus et leurs misérables jaquettes attestaient assez qu'ils n'étaient point les seigneurs du village, mais les plus humbles entre les paysans. C'était un charmant spectacle de les voir tous s'accrochant, se déchirant, se roulant les uns sur les autres comme une famille de petits chats dans les cendres du foyer. La joyeuse bande avait un roi, c'était Robert, le protégé du maître d'école; Robert, qui touchait à l'adolescence, était roi par son âge, par sa force et par sa beauté.

Il y avait une heure qu'ils s'ébattaient ainsi, ne songeant pas à leurs cruches emplies et versées vingt fois, quand une jeune femme, pâle et abattue, vint s'agenouiller devant la fontaine en essayant d'y plonger ses lèvres; mais la source tarissait depuis quelques jours, et ses lèvres ne purent atteindre l'eau; elle se releva et demanda aux enfants s'ils voulaient la laisser boire dans leurs cruches; les petits lutins se mirent à rire et se moquèrent de la pauvre femme, qui saisit une bouteille couverte d'osier, et la plongea dans la fontaine.

— C'est à moi la bouteille, dit Robert en courant à la fontaine.

La jeune femme la sortit de l'eau et l'éleva à sa bouche. Le taquin lui déchira la lèvre en s'en emparant; elle le regarda avec une douceur infinie, et tout-à-coup, oubliant sa soif, elle lâcha la bouteille,

glissa ses bras autour du cou de Robert
et lui baisa le front avec une joie du ciel;
l'enfant surpris lui échappa des mains, et
la regarda tout effrayé : elle tremblait, elle
pleurait; elle était folle ! La troupe curieuse
cessa de bondir, et vint en cercle autour de
la fontaine. La jeune femme était agenouillée devant Robert comme la vierge Marie
devant Jésus. L'enfant, ému par les larmes
de cette femme, demeura quelques secondes
à regarder sa bouteille gisant sur l'herbe ; il
se passait en lui quelque chose d'étrange : il
avait peur, il n'osait lever les yeux; mais
bientôt, emporté par un sentiment ineffable,
il reprit sa bouteille, la replongea dans la fontaine et l'offrit avec une candeur charmante
à celle qui pleurait; il y avait tant de regret
dans son regard qu'elle en fut touchée, et
lui pardonna son mauvais mouvement.
Les enfants, presque attendris, demeuraient
silencieux devant cette scène singulière.
—Quelle est donc cette femme? se deman-

daient-ils du regard, après avoir contemplé sa figure pâle et souffrante.

Pendant qu'ils demeuraient autour d'elle, la pauvre femme, qui ne les voyait point, reposait sa vue avec un charme infini sur la blonde tête de l'enfant à la bouteille d'osier. Des chansons lointaines traversèrent le silence ; elle leva son regard et vit une guirlande de jeunes filles voltigeant vers la fontaine. Cette charmante apparition troubla son rêve ; elle ressaisit la tête de l'écolier, et s'écria :

— O mon enfant !

Ces mots furent étouffés dans un sanglot qui déchira les entrailles des spectateurs en jaquettes. Elle se leva et se remit en route, non sans retourner la tête à chaque pas. Tout-à-coup elle s'arrêta sur le grand chemin, et après avoir passé et repassé sa main sur son front :

— J'étais folle ! je n'ai pas d'enfant, dit-elle,

Et elle disparut dans la nuit ; — et peu à peu les écoliers reprirent leurs jeux ; un seul ne put résister à sa mélancolie ; il demeurait devant la fontaine, tantôt la regardant couler, tantôt détournant la tête pour revoir le grand chemin où la jeune femme avait disparu.

II

Les fèves vertes de la maîtresse d'école.

L'horloge de Soucy sonna huit heures. Adieu bonds et cabrioles ; c'était l'heure du souper : il fallait une dernière fois remplir sa cruche et retourner au village. Robert suivit silencieusement la joyeuse troupe qui le laissa devant une maison dont la façade était merveilleusement cachée sous un cep de vigne étendant partout ses mille bras : c'était l'école de Soucy. Le maître, assis sur le seuil de la porte, se mourait de soif depuis une heure. A la vue de l'enfant qui s'en revenait avec une grande nonchalance, sa colère s'alluma, son regard devint terrible, il s'écria avec fureur : — Maudit pendard ! L'enfant effrayé accourut ; c'était bien la peine ! Le maître d'école se vengea impitoyablement en l'envoyant se coucher sans souper ; et sa femme, qui était laide, vieille et méchante, le poursuivit de ses menaces jusqu'à son lit en lui prédisant qu'il finirait mal.

Le maître d'école était un vieux fou qui avait la pédantesque manie de toujours parler de sa sagesse. Il se querellait sans cesse avec sa femme qui se vengeait de lui en battant ses écoliers. Pendant les six jours de la semaine, il enseignait ce qu'il ne savait pas aux enfants du pays ; le dimanche, il chantait au lutrin sans savoir ce qu'il chantait. Par-delà ces mérites, il en avait encore beaucoup ; il était sot comme il convient à un maître d'école ; il était ivrogne comme le sont tous les chantres du monde. Au sortir des vêpres, il s'en allait au prochain cabaret en prenant un détour qui ne l'empêchait pas d'arriver tout droit devant les buveurs les mieux nippés du pays. — Bonjour, maître Robert, criaient les buveurs en le voyant paraître ; asseyez-vous donc et faisons ripaille, mordieu ! — On se révolte toujours en Espagne, disait le maître d'école avec un admirable sang-froid, en faisant mine de s'en aller. — Asseyez-vous donc — vous dites que l'Espagne... — J'en sais bien d'autres, mon Dieu ! Les Grecs... — Voilà un verre blanc, maître Robert. — Et à la vue du clairet que l'un des buveurs lui versait, le maître ivrogne ne résistait plus ; il racontait mille événements fabuleux. A travers les vapeurs de l'ivresse, il voyait venir l'instant de payer l'écot, et il n'oubliait jamais de quitter la table avant les autres. Il s'en allait ailleurs, et rien n'était plus amusant que de le voir encore s'approcher mystérieusement de ses futures victimes, pour leur confier, le traître! qu'il avait lu la gazette. Tous les buveurs de Soucy, hormis le garde-champêtre, se laissaient prendre à cette séduction. Et le soir à dix heures, quand la maîtresse d'école arrivait au cabaret toute rouge de colère, il lui disait en relevant la tête avec majesté : — Ces messieurs m'ont entraîné.

Maître Robert était de cette vieille souche de pédants qui s'efface tous les jours, de ces vieux ignorants de maîtres d'école qui ont au moins un caractère grotesque. Bientôt la France en sera dépeuplée sans retour; les écoles des villages seront gouvernées par de jeunes savants qui boiront de l'eau, et qui apprendront aux enfants comment la terre tourne autour du soleil.

— Hélas! la science est malsaine, et l'âge d'or était l'âge de l'ignorance. Dans vingt ans la France sera pleine de savants qui douteront du ciel, qui sauront que la liberté est une épigramme, le bonheur une ironie; car voilà où mène la science ; les infortunés n'auront qu'un refuge contre les amertumes de la vie : le cimetière.

La maîtresse d'école était comme ces princesses des contes des fées qui prient vainement le ciel de leur accorder la grâce d'avoir des enfants, — comme si cela regardait le ciel. — Madame Robert avait prié Dieu; dans son zèle, elle avait même prié M. Robert : elle avait perdu son temps et ses prières. Le maître d'école trouvait que la terre était bien assez peuplée de sots. Quand la pauvre femme se vit morte à la jeunesse, quand elle désespéra de jamais ressentir les joies ineffables de la maternité, elle songea à recueillir un enfant étranger qui pût devenir son appui sur ses vieux jours; elle espérait d'ailleurs se faire illusion jusqu'à croire que l'enfant serait le sien. Or donc, maître Robert aidant, elle parvint à dénicher de l'hospice de la prochaine ville mon sire Robert que vous avez vu s'ébattant devant la fontaine. C'était un bel enfant, un enfant blond et rose, un charmant enfant. Il jetait des pierres aux pauvres; mais il lui arrivait souvent de leur jeter son pain. Près du maître et de la maîtresse d'école, c'était un petit chat qui faisait des caresses sans amour, qui montrait ses ongles et ses dents quand on s'approchait pour le battre. Maître Robert regrettait souvent d'avoir donné son nom à un bandit qui promettait de finir sur l'échafaud.

Or, après avoir envoyé coucher son élève, le maître d'école renversa la bouteille d'osier sur ses lèvres. — Mais l'enfant avait oublié de la remplir. — Que le diable lui torde le cou! s'écria maître Robert après avoir détaché ses lèvres de la bouteille ; il a passé deux heures à la fontaine pour revenir sans une seule goutte d'eau. Je vous l'ai déjà dit, madame Robert, c'est un petit serpent que nous réchauffons dans notre sein.

Aux terribles paroles du maître, l'écolier bondit sur son lit.

— Madame Robert, j'ai du feu dans la gorge, et si vous n'allez bien vite à la fontaine, j'irai au cabaret.

A ce dernier mot, madame Robert, devenue alerte comme une jeune fille, saisit la bouteille, et sortit. Son vieux mari courut à elle et lui dit à l'oreille : — Dites donc, la mère, la fontaine est si loin ! le cabaret si près ! J'ai bien envie d'aller...

— Allez au diable ! cria la petite vieille toute colère.

Maître Robert n'appelait sa femme la mère que dans ses moments amoureux, il s'étonna beaucoup de voir sa galanterie repoussée ;

sa colère apaisée se ranima tout-à-coup, et ne pouvant plus s'en prendre à sa femme qui fuyait à toutes jambes vers la fontaine, il voulut s'en prendre au souper; il s'approcha de la cheminée vaguement éclairée par les flammes mourantes qui s'élevaient d'un fagot d'épines. Une petite marmite ouverte devant l'âtre grondait comme un orage, et vomissait un nuage sans fin. Le maître d'école pencha son nez au-dessus de la marmite, et souffla sur la fumée pour savoir ce qui grondait ainsi ; c'étaient des fèves au lait, des fèves qui auraient fait envie à un prince sentimental : enivré de leur parfum, maître Robert voulut en avoir un avant-goût ; il prit sur la table une cuillère d'étain, la plongea dans la marmite, la replongea dans sa bouche, et fit la grimace la plus horrible que vous ayez vue. Le malheureux s'imagina qu'il venait d'avaler l'enfer, tant les fèves l'avaient brûlé. — Encore s'il avait eu la bouteille d'eau pour remède ; mais rien, si ce n'est la vue du feu qui semblait se ranimer pour se moquer de lui.

— C'est ce maudit enfant qui est cause de tout cela! s'écria-t-il dans sa fureur.

Fidèle à sa maxime de ne laisser rien d'impuni, maître Robert prit une menue branche dans un fagot, et courut à l'escalier de la petite chambre où couchait l'enfant. Au bruit de ses pas et de ses cris, le pauvre écolier se recommanda à Dieu, et Dieu sans doute eut pitié de sa terreur; car il lui vint en tête une belle idée de se venger de son maître qui l'avait envoyé dormir sans souper; il se glissa silencieusement derrière la porte de la chambre, et pendant que M. Robert, armé de sa branche, s'avançait à tâtons vers le lit, il sortit en toute hâte, ferma la porte à double tour et s'enfuit en riant de son stratagème. Comme il passait dans la maison, il ne put s'empêcher de s'arrêter au parfum séducteur des fèves vertes. —

Hélas! murmura-t-il d'un ton dolent, sans la belle dame de ce soir...

Son regard acheva sa pensée.

— Bast! je suis un sot, reprit-il; M. Robert est sous clef, je l'entends qui beugle avec fureur — je suis le seul maître en ce moment.

Il fit deux pas vers la marmite; mais madame Robert survint, et il s'enfuit avec la terreur et la légèreté d'un voleur surpris; il traversa le village en songeant aux fèves, dont l'odorante fumée le charmait encore. Il se trouva bientôt au milieu des champs, ne craignant plus le maître d'école, mais ayant presque peur des ombres gigantesques des grands arbres. Il erra long-temps à l'aventure, seul dans la nuit, en face de la lune qui déployait dans la vallée de Soucy une blanche nappe de lumière. Il suivait depuis un instant un sentier rocailleux, bordé d'épines et d'églantiers, quand la rivière l'arrêta tout-à-coup. La lune mirait sa blancheur dans les flots noirs. A tout autre qu'à Robert la lune eût rappelé une femme regardant sa gorge dans le fond obscur d'une glace; mais Robert, qui n'était point encore amoureux, ne vit dans la rivière qu'un abîme d'argent. Il demeura près d'une heure sur la rive, noyant ses pieds dans la rosée qui courbait l'herbe, et s'appuyant avec nonchalance contre un pommier sauvage; il semblait attendre que la rivière se détournât pour le laisser passer. Il était là, caressé de songes frivoles, d'images fantastiques. Par intervalles le bruit des vagues, le frissonnement des feuilles, les rumeurs de la nuit venaient soudainement distraire sa rêverie d'enfant. La vengeance n'avait point apaisé sa faim, et, malgré son amour pour la liberté, il eût volontiers subi un jour de prison pour avoir sa part des fèves vertes. Peu à peu la faim disparut sous le sommeil; Robert se laissa tomber au pied du pommier, et s'endormit bientôt sans nul souci du lendemain; la lune le veilla tristement. Son repos fut troublé par quelques rêves lugubres, où il se voyait dévoré par les loups ; mais le dernier de ses songes fut une gracieuse image qui effaça les autres : il vit la jeune femme qui avait bu dans sa bouteille d'osier.

III

Aventures de Robert.

Robert s'éveilla le matin, à l'heure où les femmes sont tristes, parce que la nuit est passée. Son dernier rêve, qui flottait encore dans sa pensée, se dissipa bientôt comme la brume ondoyante qui se perdait au ciel ; il fut ébloui par le soleil, dont le premier rayon baisait l'onde où s'était baignée la lune. Robert, glacé sur son lit humide, se réchauffa au soleil, l'éternel foyer des pauvres.

La nature était dans tout l'éclat de sa beauté; le vent secouait amoureusement les plis verdoyants de sa robe, toute pailletée de rosée. Robert, qui se souciait peu des charmes de la nature, avisa aux moyens de poursuivre sa course vagabonde; il côtoya le bord de la rivière, fier de sa liberté comme une femme de son amant; il se voyait le roi du monde: il croyait, le candide enfant, que le soleil ne rayonnait alors que pour échauffer son corps; il croyait que toutes les richesses eparses dans la vallée étaient là pour son plaisir. L'âme bercée par ces douces croyances, il oubliait déjà qu'il n'avait pas soupé la veille; et ne sachant s'il aurait un gîte le soir, il suivait avec insouciance le cours de l'eau, quand il rencontra un cerisier dont le fruit rougissait déjà; l'arbre semblait tendre une de ses branches aux passants; Robert éleva la main vers cette branche en dévorant les cerises du regard; mais le roi du monde ne put atteindre au fruit du cerisier; il passa outre en maudissant l'arbre qui avait grandi trop vite. Après s'être éloigné de quelques pas, il se retourna pour revoir ce cerisier qui s'était trouvé sur son chemin comme une épigramme; un pâtre suspendu à la branche la plus inclinée, en cueillait avidement les cerises. Robert bondit de colère, et comprit qu'il était loin d'être le roi du monde, puisqu'un pâtre était au-dessus de lui.

L'horizon se changea tout d'un coup sous ses yeux; il découvrit un village éparpillé sur les bords de la rivière.

— Que le monde est grand! dit-il en admirant le coq du clocher.

— Le monde est sans fin, reprit-il en se souvenant d'une réponse du catéchisme.

Comme il abordait aux premières maisons, il se sentit alléché par l'enseigne d'une mauvaise auberge; l'enseigne que le vent balançait semblait convier par ses cris tous les passants à l'éternel festin du lieu. Robert s'arrêta en extase devant l'hôtesse, qui était assise sur le pas de la porte, et qui rongeait une tête de lapin. A sa vue, elle jeta les débris de son repas à un dogue superbe étendu à ses pieds.

— Un joli minois! murmura-t-elle pendant que Robert regardait piteusement déjeuner le chien. S'il se fût trouvé seul avec le dogue, il se serait peut-être passé une nouvelle édition du renard et du corbeau.

— Vous voilà bien matin en ce pays, mon mignon, dit l'hôtesse à Robert en le regardant du coin de l'œil.

— Oui, répondit-il sans détacher ses yeux du chien.

— Où allez-vous ainsi? reprit l'hôtesse.

— Je ne sais pas, madame.

Pourquoi Robert n'en fut-il pas toujours à ce beau temps d'insouciance! pourquoi sut-il un jour où nous allons tous!

L'hôtesse, séduite par la blonde tête du candide adolescent, le pria d'entrer, et lui offrit un reste de lapin desséchant dans l'âtre.

— Asseyez-vous, mon amour, lui dit elle en lui baisant le front; votre gentillesse paiera votre écot; ne tremblez pas pour votre bourse.

La défense était superflue, Robert ne se fût pas avisé de trembler pour une bourse qu'il n'avait pas. La compatissante hôtesse lui servit les restes du lapin avec un morceau de pain qui était assez blanc pour du pain noir. Quand il eut dévoré tout cela, il s'amusa à taquiner le dogue sans nullement penser à poursuivre son chemin. L'hôtesse, émerveillée de ses grâces adolescentes, ne songeait pas à l'avertir qu'il était là depuis une heure, et que sa famille l'attendait peut-être avec inquiétude. Enfin, tout en détournant sa blonde chevelure qui l'aveuglait, elle lui dit qu'il était temps d'aller retrouver sa mère qui devait s'ennuyer après lui.

— Ma mère! dit Robert en lâchant la patte du chien.

Il parut chercher dans ses souvenirs, il regarda l'hôtesse, et secoua tristement la tête.

— Je n'ai pas de mère! reprit-il.

— Pauvre enfant, qui n'a pas de mère! Racontez-moi donc votre histoire, mon amour.

Robert prit un air important, et raconta à l'hôtesse comment il avait été recueilli par un vieux maître d'école qui lui avait donné de la science et des coups de bâton, sans doute afin qu'il se souvînt plus long-temps des leçons; comment la maîtresse d'école était méchante et avait le diable au corps; comment enfin il s'était noblement vengé de maître Robert en l'enfermant dans sa petite chambre pendant que le souper se refroidissait.

— Ah! soupira Robert en terminant, c'étaient de belles fèves vertes!

IV

L'hôtesse de Valvert.

L'hôtesse était alors dans toutes les joies du veuvage : il y avait quatre mois qu'une fièvre, dont j'ignore la couleur, s'était emparée de son mari pour le conduire à son dernier gîte. Plus malheureuse que la maîtresse d'école, tous ses enfants étaient morts en bégayant. Les yeux bleuâtres de Robert lui rappelaient sa fille qu'elle avait allaitée avec tant d'espérances; sa fille, qui s'était éteinte sur son cœur en lui souriant. Ce fut donc tout animée de cette chère souvenance, qu'elle reporta son amour de mère sur la blonde tête du vagabond.

—Mon benjamin, lui dit-elle en lui pressant les mains, demeurez avec moi. Je ne vous battrai pas; au contraire, vous serez ici comme mon fils; vous suivrez tous vos caprices; vous jouerez, vous étudierez, vous taquinerez le chien, qui ne vous montrera plus les dents quand il saura que je vous aime.

Or, en ce moment le dogue fronçait le sourcil et relevait ses lèvres. Tant qu'il avait vu Robert mangeant à la table de l'auberge comme un simple étranger, il avait été prodigue de caresses et de joyeusetés; mais dès qu'il vit la casquette de l'aventurier voler sur le lit, dès qu'il devina que sa maîtresse aimait Robert, ce fut toute autre chose : un éclair de jalousie brilla dans ses yeux; il gémit et s'élança sur les bras de l'hôtesse qui laissa échapper les mains de Robert. Ce ne fut pas sans peine qu'elle parvint à calmer son chien favori; mais comme il demeurait victorieusement perché sur ses genoux sans vouloir que l'écolier l'approchât, elle le pria de déguerpir et d'aller gémir dans sa niche ; ce que fit l'animal jaloux en montrant à Robert que sa vengeance avait des dents aiguës.

— Oui, mon mignon, reprit l'hôtesse en ressaisissant les mains de l'écolier, on sourira à toutes vos fantaisies; on vous donnera le meilleur vin de la cave, les plus beaux fruits du jardin. Pendant que je vais éplucher ces choux et rallumer le feu, allez au jardin, la porte est au fond de la cour ; il y a déjà des cerises ; il y a encore des fraises ; allez faire votre dessert. — Un baiser, mon amour, et bonsoir.

— Et moi qui croyais que toutes les femmes étaient méchantes, se disait Robert en se promenant par le jardin comme un seigneur dans son palais.

Robert demeura donc à l'auberge; — combien de temps? il ne le sut jamais. Il n'avait qu'à lever ses yeux bleuâtres, et l'hôtesse était son esclave. Il restait près d'elle, parce qu'il ne songeait pas à aller ailleurs. Quand il était las de courir avec le dogue, qui n'avait pas osé être son ennemi, il revenait s'asseoir auprès de la veuve, et lui lisait des contes de fées ou des histoires de brigands; ces agaçantes lectures enflammaient son imagination romanesque déjà toute volcanisée; la nuit, quand il dormait, et même quand il ne dormait pas, il voyait une troupe chatoyante de fées qui lui prédisaient des aventures merveilleuses; le jour, d'effroyables histoires de voleurs se déroulaient dans sa tête; il maudissait le sort qui ne l'avait point fait naître Cartouche. — Encore si j'avais été Mandrin! disait-il souvent. Il regrettait de ne point avoir un ami dont la tête s'allumât à ses idées aventureuses, un esclave dévoué au plus fantasque de ses songes; mais point d'ami ni d'esclave, hormis le dogue qui était son maître et son ennemi. Un passe-temps qui venait souvent à son secours dans ses lunes noires, c'était le spectacle des passants qui s'arrêtaient à l'auberge, et qui se groupaient, avec un abandon plein de philosophie, autour d'une table toujours humide. Ce tableau grotesque fut quelquefois une étude autant qu'une distraction pour mon sire Robert. Il aimait à voir les rires et les grimaces des buveurs ; il ouvrait avidement l'oreille aux grivoiseries des ivrognes. Les gentillesses drolatiques de leur langage éveillaient en lui d'ardentes images qui auraient dû dormir long-temps encore. L'hôtesse voyait avec peine la candeur de son Chérubin se faner dans l'atmosphère des buveurs ; il lui arriva maintes fois de l'appeler à elle et de lui cacher la tête sur son sein en espérant le préserver du souffle impur de la taverne; mais le sein maternel de l'hôtesse n'était point un chaste refuge pour Robert; c'était la prison pour le voleur; il y demeurait nonchalamment appuyé en proie à toutes les délices de la volupté naissante, de cette vague et timide volupté qui vient avant l'amour, comme l'aurore avant le soleil ; il y demeurait long-temps, si long-temps que l'hôtesse, toute palpitante, tout émue par ses soupirs, ne savait plus si c'était un enfant qui dormait sur son sein ou un amant qui veillait sur sa gorge. Aussitôt que Robert avait relevé la tête, le délire fuyait son âme; il allait avec le dogue courir les champs, bondir sur l'herbe, s'épanouir au soleil ; toute souvenance amoureuse s'effaçait bientôt; l'enfance triomphait de la jeunesse. J'oubliais que souvent au milieu de ses courses le vagabond s'arrêtait, soudainement saisi d'un sentiment ineffable. — C'était le voyageur qui s'arrête sur son chemin au bruit d'une musique lointaine dont l'écho est dans son cœur.

V

La Barbe de Capucin.

Un matin, pendant une pluie battante, Robert admirait la mélancolie bouffonne de deux buveurs qui craignaient que cette pluie ne fût fatale à la prochaine vendange, quand la porte de l'auberge s'ouvrit avec fracas en l'honneur du maître d'école de

Soucy dont la joviale apparition dérida les buveurs. — Dans quel horrible temps sommes-nous ! dit-il en secouant son chapeau.

Et comme les buveurs le regardaient en souriant : — Je ne parle pas de la pluie, reprit-il, c'est un malheur passager; je veux parler de la guerre : nous sommes perdus, mes enfants !

Maître Robert déposa son chapeau sur la table, appuya son genou sur le banc, et voyant tout-à-coup l'écolier qui fuyait à pas de loup, il s'élança après lui; mais le fugitif fila comme une étoile en pensant aux coups de bâton d'autrefois. La pluie battante ne l'arrêta point dans sa fuite; il traversa le village et se retrouva sur les bords de la rivière; il avançait sans but; mais la pluie ne cessant point de s'abattre sur ses épaules, il se mit enfin à l'abri sous un châtaignier. Là, sous ce merveilleux parapluie, qui résistait au vent, il se mit à réfléchir à son sort : il regretta presque l'hôtesse qui l'aimait et qui l'avait si doucement choyé ; il regretta presque l'insouciance et le calme de cette existence toute simple qui s'écoulait silencieusement au bruit des verres et des chansons ; mais son imagination romanesque, sa pensée aventureuse lui ferma les yeux sur le passé ; il entrevit les vaines richesses, il fut ébloui et fasciné ; il jeta un regard dédaigneux sur le pays qu'il fuyait ; et comme le soleil lui souriait à travers les nues, il se remit à suivre le cours de la rivière.

Il en côtoyait le bord depuis un instant, quand il vit une petite nacelle que le vent avait détachée de la rive pendant l'orage : c'était une charmante nacelle peinte en vert, armée de ses rames et mollement soulevée par les vagues. En la voyant fuir rapidement Robert se mit insoucieusement à chanter cette vieille chanson du pêcheur :

> La belle marinière
> Dont j'aime le pied blanc,

> La belle marinière
> Traverse la rivière,
> Sur son bateau fringant.

Pendant qu'il chantait il lui vint une idée : — Puisque nous suivons le même chemin, dit-il, pourquoi n'irions-nous pas ensemble? la nacelle aurait des jambes pour tous les deux. Il pria la nacelle de s'arrêter et de l'attendre; mais la nacelle s'enfuit plus rapidement encore. Cependant le hasard qui servait Robert voulut qu'une vague jetât la rebelle sur la rive, dans un bouquet de joncs et de roseaux où elle se reposa. Robert bondit de joie en la voyant là, toute haletante encore de sa course ; il allait s'y lancer quand une seconde idée vint le saisir : — Oh! oh! si j'allais me noyer. Il regarda la rivière en tremblant et recula soudain; mais l'aventurier se moqua bientôt de l'enfant; il se rapprocha du bord, et parvint à démarer la nacelle. A peine eut-il mis le pied dedans qu'elle reprit sa course ; il poussa un cri et regarda avec angoisses la terre qui s'éloignait. — A la grâce de Dieu ! dit-il en s'asseyant.

Le ciel reprit sa sérénité de la veille, les nues s'effacèrent et le vent tomba. Robert, plus doucement bercé sur l'eau, oublia une seconde fois ses terreurs, et s'étendit au fond de la nacelle pour y sommeiller. Enfance ! enfance ! âge d'or ! oasis dans la vie ! Robert, doucement bercé par les vagues qui pouvaient l'engloutir, s'endormit sans crainte dans le fond de la nacelle, ne sachant pas où il serait à son réveil. Devait-il se réveiller d'ailleurs ! Dieu, qui veille sur les enfants et sur les fous, veilla sur Robert qui était encore un enfant et qui était déjà un fou. La nacelle ne rencontra nulle vague irritée, nul écueil mortel ; elle glissait lentement sur les flots bleus comme les nuages sur l'azur. Quand Robert rouvrit les yeux, il s'imagina que les arbres fuyaient pourchassés par le vent; mais le souvenir lui revint quand il se vit au milieu de la rivière. Les teintes mélancoliques du soir se répandaient sur les champs; l'horizon, noyé dans les vapeurs de la nuit, dans la fumée des villages, se rapprochait déjà des yeux. Robert retourna la tête pour voir s'il était loin de l'auberge; il entrevit confusément le clocher qui l'avait tant de fois ombragé ; à cette vue il se rappela l'hôtesse et se mit à pleurer.

Il essuyait ses larmes quand un bruit de voix lui vint à l'oreille : c'étaient des mariniers qui pêchaient sur le bord de la rivière et qui regardaient sa jolie nacelle. — Il y a là-bas une rafale, lui crièrent-ils; prends les rames et fais un détour. Robert tendit les bras aux mariniers en signe d'impuissance. Ils eurent pitié de lui et allèrent à son secours. Quand ils eurent dépassé la rafale, Robert se plaignit d'être las d'aller sur l'eau et les pria d'aborder la rive. Dès que la nacelle toucha la terre, il s'élança sur l'herbe et s'enfuit.

— Et ta nacelle? lui cria l'un des mariniers.

— Elle est à vous, répondit-il sans s'arrêter.

Le marinier contempla la nacelle. — C'est un petit vagabond qui l'aura volée.

— Oui, dit l'autre, c'est un misérable, un indigne voleur. — Il nous faudra la peindre en rouge.

Robert bondissait dans la prairie comme une sémillante sauterelle; il voyait devant lui, à travers le clair feuillage des noyers, fumer quelques vieilles maisons penchées sur le versant d'une montagne, et il se disait : — Il y a sans doute encore là une hôtesse qui m'ouvrira son buffet, sa cave et son cœur. Jamais écolier n'était entré dans le monde avec autant de confiance : il voyait son chemin jonché de fleurs et bordé de beaux arbres dont les branches chargées de fruits s'inclinaient doucement vers sa bouche. Il y avait une auberge dans le village ; Robert écouta avec délices le grincement de l'enseigne ; le devant de la porte était désert ; il en franchit lestement le seuil, et fit un sourire à l'hôtesse en s'asseyant à la table. Un chien couchant qui sommeillait dans l'âtre tendit les pattes et vint le caresser. —Voyez-vous que je n'ai rien perdu, murmura-t-il ; ce gîte-ci vaut bien l'autre, et madame l'hôtesse est plus vermeille que la veuve de Valvert.

Dans sa joie il fut presque tenté de jeter sa casquette sur le lit. — L'hôtesse était une jeune femme qui était maussade et qui n'était pas veuve. Robert qui ne songeait qu'à son bonheur ne devina pas d'abord ces deux horribles défauts. Elle balayait sa maison avec une indolence qui le charma ; elle semblait triste, elle semblait plongée dans les abîmes d'une affligeante pensée. Tout-à-coup elle vint à Robert et lui demanda ce qu'il voulait en s'appuyant sur son balai.

— Tudieu! répondit-il, je veux souper; vous ne l'avez donc pas deviné?

La jeune femme sourit, de cet éternel sourire dont elle agaçait la bourse des voyageurs.

— Que voulez-vous manger? reprit-elle.

— De toutes sortes de choses.

— Je n'ai que de la salade; c'est la plus belle laitue pommée que vous ayez vue.

— Vous n'avez pas autre chose? dit Robert en faisant la moue.

— J'ai de la chicorée, de la romaine, de la barbe de capucin; voilà tout ce que j'ai pour vos belles dents.

La grimace de l'aventurier s'effaça sous un sourire, le compliment de l'hôtesse donna de l'attrait à la salade.

— Eh bien, va pour la barbe de capucin, qui doit être une salade plus amusante que les autres.

— Que voulez-vous boire?

— Du vin donc!

Robert n'aimait pas encore le vin, mais il craignait d'être ridicule en buvant de l'eau.

— Je n'ai que de la bière, dit l'hôtesse.

— A d'autres, s'écria Robert; est-ce que vous n'êtes pas marchande de vin?

— Oui, mais je n'en vends pas.

— C'est bien singulier, murmura Robert; il y a quelque guet-apens là-dessous; cette auberge n'est peut-être rien autre chose qu'une caverne de brigands.

Peu à peu ses doutes se dissipèrent, et bientôt, malgré la salade et la bière, il retrouva sa joie. Après un souper tout flamand, il alla s'asseoir au coin du feu, près de l'hôtesse qui redevenait triste; il imagina mille gentillesses en espérant la séduire comme la veuve de Valvert. Hélas! elle était si insensible qu'elle ne songea même pas à s'en défendre. — C'est bien fâcheux, pensait Robert; je serais si charmé de reposer ma tête sur son sein ! Le traître regardait du coin de l'œil le corsage ondoyant de la jeune femme. Le chien vint se grouper entre eux ; et loin de l'envoyer à sa niche, l'hôtesse lui prit doucement la tête et la baisa. Robert, jaloux comme le dogue de Valvert, appuya méchamment son pied sur la queue du chien qui se retourna en aboyant. Le jaloux, dont la colère éclatait, repoussa le chien qui fut renversé dans le feu, et qui en sortit allumé d'une fureur terrible. Robert se crut à jamais perdu et prit la fuite ; mais à peine était-il dehors que l'hôtesse le saisit par le bras.

— Doucement, mon cher, il faut me payer.

— Vous payer ! s'écria Robert, qui s'imaginait que toutes les auberges du monde ressemblaient à celles de Valvert — vous payer ! voilà qui est drôle ! est-ce que j'ai jamais payé ? L'hôtesse de Valvert qui avait autre chose que de la salade et de la bière, ne m'a jamais rien demandé; d'ailleurs je n'ai pas d'argent.

— Ah, maudit vagabond! dit l'hôtesse tout empourprée de colère; — pourquoi donc êtes-vous entré?

— Parce que je n'avais pas soupé; quand il pleut, je me mets à l'abri sous un arbre; quand j'ai faim, j'entre dans une auberge; si j'avais su n'avoir ici que de la barbe de capucin, je serais allé ailleurs.

— Voyez-vous la belle préférence! voyez-vous la belle perte!

Robert s'échappa comme un oiseau, en pensant que la salade, la bière et l'hôtesse, étaient trois choses amères.

VI

Les Comédiens.

Robert gravit la montagne en songeant qu'une bourse sur lui ne serait pas un vain luxe; mais comme il n'en avait pas, il se résigna héroïquement à s'en passer. L'instinct lui disait d'ailleurs que la fortune est capricieuse et qu'elle accorde ses faveurs aux gens qui la dédaignent. Il avait lu la fable de La Fontaine, et sa nonchalance admirait l'homme qui attend la divinité volage en dormant. Quand il fut au sommet de la montagne, il regarda autour de lui, il vit partout de noires vapeurs, et çà et là de lointaines lumières scintillant dans l'ombre; ces lumières étaient autant d'appels nocturnes, autant de phares salutaires au pauvre matelot, que déjà les mauvais vents battaient à outrance. Il suivit le bord de la montagne, comme il avait suivi le bord de la rivière; après avoir maudit pendant une heure les rocailles de la route, il entendit une joyeuse musique qui le ranima soudain. C'étaient de mauvais comédiens qui appelaient au spectacle les oisifs d'une petite ville où Robert entrait alors. Il rencontra dans la rue la plus spacieuse les plus mauvais de la mauvaise troupe, qui essayaient d'allécher les passants par leurs fades bouffonneries; il s'éprit d'amour pour

les comédiens et les suivit avec enchantement.—Voilà la vie, la belle vie! s'écria-t-il; les comédiens ne font rien le matin et jouent le soir : vivent les comédiens! vive la comédie! Dans son enthousiasme il se fût agenouillé devant les baladins. Les pauvres diables arrivèrent devant la salle de spectacle, qui était la salle de danse de la petite ville; ils n'étaient suivis que de quelques vagabonds comme Robert, qui s'étaient mis à leur tête d'un air triomphant. Une vieille duègne presque centenaire, perchée sur une estrade, criait aux arrivants :—Vingt-cinq centimes, messieurs! vingt-cinq centimes, mesdames!—Et tous les arrivants s'en allaient, soit que cette vieille image leur parût d'un mauvais augure pour la comédie, soit que le prix d'entrée effrayât leurs bourses. La duègne, voyant que les vingt-cinq centimes repoussaient la foule, se mit à crier :
— Cinq sous, messieurs, cinq sous, mesdames! — Une vieille et son chien se laissèrent tenter et s'avancèrent ensemble sous l'estrade.

— Cinq sous, madame, pour vous et votre chien, reprit la syrène en tendant la main.

La vieille n'était point encore décidée ; la duègne perfide caressa le chien comme si elle n'avait tendu la main que vers lui. — Un joli chien ! un chien charmant !

Le chien, qui était laid comme un singe, se laissa prendre — ou plutôt la vieille se laissa prendre à cette caresse qui la touchait au cœur, et sans plus tarder elle déboursa ses cinq sous. La duègne poursuivait ses cris attrayants, et tout le monde fuyait. — Hélas ! pensait-elle, mes pauvres enfants vont mourir de faim, quelles sont donc les gens de ce pays ? — Et, comme la mésange, qui parvient toujours à apaiser la faim de sa couvée, la duègne trouva un autre moyen d'attirer les oisifs. — Entrez, messieurs, entrez, mesdames ! cria-t-elle, on ne paye qu'en sortant. A peine eut-elle crié une fois, que Robert s'élança dans la salle en pensant, l'ingénieux aventurier, que ce qui pouvait lui advenir de plus fâcheux, serait d'être mis à la porte après le spectacle. Il fut suivi de quelques marmots émerveillés comme lui des baladins qui bouffonnaient dans les rues. Tout cela ne remplissait guère l'immensité de la salle, où Robert se promenait comme dans un désert, en jetant des regards avides sur les décorations de la scène; il était surtout en extase devant les archanges ailés qui voltigeaient sur la toile, et les amours mignards qui lançaient des flèches enflammées aux nymphes du bocage. Après une heure d'attente, cette toile si riche de chérubins et de cupidons se leva lentement, et le tyran du mélodrame apparut sur les planches pour avertir les spectateurs, c'est-à-dire la vieille et son chien, Robert et les marmots qui l'avaient suivi; — j'oubliais, il y avait encore dans la salle, sur le bout d'un banc, un écolier de l'âge de Robert, un poëte qui ouvrait ses ailes et qui avait sur son cœur une couronne et un madrigal pour la plus belle des comédiennes;

celui-la avait eu cinq sous pour les pauvres diables; celui-là souffrait autant que la duègne en voyant le vide de la salle, — quand apparut le traître du mélodrame; il leva la tête en tremblant : — Hélas ! le traître venait avertir les spectateurs que le spectacle était remis au lendemain. Tous les spectateurs pâlirent, et le poëte plus que tous les autres.

— Et ma couronne ! et mon madrigal ! murmura-t-il.

Dans sa terreur il s'élança de son banc vers la scène. — Oh, monsieur! s'écria-t-il en contemplant piteusement le piteux comédien. — Monsieur —

Sa voix mourut sur ses lèvres.

— Hélas ! murmura l'acteur à son oreille, nos frais s'élèvent à quinze francs, c'est à peine s'il y a quinze sous dans la salle. Si c'était un autre jour, passe encore ; mais nous ne pouvons jouer *Les Couturières*, car il nous faudrait faner trois robes blanches.

— Robert intervint : — Que mesdames les

comédiennes jouent avec des robes noires, dit-il ingénument.

—Oui, si elles en avaient, pensa l'acteur.

Le poëte, qui devina cette désolante pensée, fit un profond salut et s'éloigna désespéré. — Le traître, qui avait accueilli les paroles du poëte de quinze ans, dédaigna celles du vagabond, qui se retrouva tout-à-coup devant la toile retombée. A cet instant on entendit vers la porte de la salle un caquettement de jeunes filles. C'étaient les couturières du lieu qui accouraient au spectacle, joyeuses et pimpantes comme le soir d'un bal. Elles étaient suivies de leurs galants, de ceux qui soupiraient encore et de ceux qui ne soupiraient plus ; — le nombre en était grand. Les galants furent suivis d'autres jeunes filles qui furent suivies d'autres galants. — Enfin toute la jeunesse du pays déborda bientôt dans la salle. L'espérance se ranima au cœur des comédiens, au cœur du poëte, au cœur de l'aventurier qui contemplait avec délices les folâtreries des grisettes ; il enviait le bonheur des galants et surtout d'un clerc de notaire qui venait de s'asseoir entre deux d'entre elles ; c'était une charmante scène de comédie ; — le clerc de notaire était le maître de l'une, l'esclave de l'autre ; il parlait à la première, il roucoulait aux oreilles de la seconde ; toutes deux étaient pareillement belles et Robert ne devina pas l'énigme. — Or, cet amant malheureux qui ne soupirait plus, cet amant heureux qui soupirait encore, n'avait point assez de ces deux amourettes ; il lançait de perfides œillades à une lingère plus perfide qui écoutait en rêvant les sornettes d'un fils de famille.

Robert était ravi de voir tous ces amours qui se donnaient la main, toutes ces œillades fascinantes.— La vie est belle, pensait-il, la vie déborde d'amour ; tous ces gens-là se caressent du regard comme s'ils étaient de la même famille. Il en était là de sa pensée, quand il entendit un bruit sourd au fond de la salle, c'était une guerre terrible entre deux rivaux ; un joueur de violon et un horloger se battaient pour une couturière qui se moquait d'eux avec un autre. Robert courut héroïquement vers les champions et sortit bientôt de la bataille avec quelques cheveux de moins. La sonnette avertissait alors que le spectacle allait s'ouvrir; il se fit un silence douteux comme tous les silences du monde. Robert, toujours errant, courut s'asseoir auprès du poëte en émoi, qui tremblait comme une feuille et qui demeurait étranger à tout ce qui se passait dans la salle. Le pauvre écolier des muses regardait avec angoisses les grandes ombres des comédiennes qui se dessinaient sur le rideau. Robert fut presque effrayé de sa pâleur. — Vous êtes malade ? lui dit-il.

— Le poëte tressaillit et le regarda d'un œil hagard; Robert lui tourna le dos en le croyant fou, et se trouva en face de la

vieille et de son chien : le tableau n'était point attrayant, et, déjà désenchanté de son voisinage, Robert releva ses yeux vers les archanges et les amours qui voltigeaient sur le rideau. Le musicien de la troupe fit alors entendre une ritournelle et le rideau grimpa au ciel du théâtre ; un universel battement de mains éclata dans la salle; le poëte fut prêt à s'évanouir, et dans son enthousiasme le chien de la vieille s'élança sur Robert, qui admirait la beauté de trois comédiennes qui n'étaient pas belles. Robert était surtout ravi des atours de ces dames.
— Le diable sait quels atours !

Le poëte se demandait à laquelle de ces trois grâces il offrirait sa couronne et son madrigal ; il flottait sans cesse de l'une à l'autre, charmé de celle-ci, charmé de celle-là. — Oserai-je jamais ? se disait-il avec épouvante. Pendant son incertitude la comédie déroulait ses petites scènes bouffonnes avec une merveilleuse rapidité. Les acteurs avaient faim, et pour les pauvres diables le souper était toujours la plus belle scène du jour, surtout quand ils n'avaient pas soupé la veille. Quand arriva le dénouement, le poëte était encore irrésolu; la duègne, la grand'mère de toute cette famille nomade, la duègne qui remplissait le rôle de la maîtresse des couturières, vint sur le devant de la scène chanter le dernier couplet, au moment où l'écolier des muses saisissait la couronne panachée du madrigal; il pensa que tout était perdu s'il tardait encore, et croyant déjà voir retomber le rideau, il lança la couronne à la grâce de Dieu. La malencontreuse alla tomber sur l'épaule de la duègne, qui se ressouvint du beau temps de sa jeunesse et s'imagina que cette glorieuse récompense était pour elle. Elle fit suspendre la chute du rideau, et pour complaire à celui qui lui faisait pareille galanterie, elle détacha le madrigal de la couronne et se mit à lire les vers d'une voix tremblante :

> Reine des ris, reine des grâces,
> Qui laissez l'amour sur vos traces,
> Vous êtes blanche comme un lys —

Un bruyant éclat de rire retentit dans la salle, et le rideau tomba à la grande joie du poëte qui ne savait où cacher sa confusion.

VII

Le Souper des Comédiens.

Or il fallait sortir, il fallait payer, et nul ne s'empressait. Les grisettes demeuraient sur leur banc et semblaient attendre une autre comédie; les demoiselles attendaient tout simplement que les galants qui étaient là leur offrissent de sortir ensemble et de payer pour elles en passant. Le clerc de notaire sortit le premier avec quatre d'entre elles, deux à son bras et les deux autres au bras des premières. Au lieu de vingt-cinq centimes il donna vingt-cinq sous à la duègne; les autres galants et les autres grisettes suivirent cet exemple, et tout le monde fut content, hormis mon sire Robert qui faisait semblant de dormir dans un coin de la salle. Après l'avoir vainement appelé, le chef de la troupe vint à lui. — Monsieur le beau dormeur, il faut déguerpir, lui dit-il.

Robert fut sourd à cette apostrophe; le comédien le saisit par les cheveux et parvint non sans peine à l'éveiller.

— Je veux être comédien, dit Robert en s'attachant au banc.

Le comédien s'imagina qu'il avait devant lui un fils rebelle à sa famille et chercha dans sa mémoire un discours de circonstance qu'il prononça d'une voix solennelle, en faisant mine de se draper. — La comédie est une belle maîtresse ; quand on la possède ce n'est plus qu'une femme — une femme dont on se lasse bientôt. — Soyez plutôt savetier que d'être comédien, mon ami. Vous serez plus heureux dans une échoppe que sur la plus belle scène du monde. — La gloire! la gloire! C'est une fumée qui passe et qui s'envole, c'est une étoile qui file. — Les vanités humaines sont des chimères, des illusions qui tombent comme les feuilles en automne. — La comédie est une belle maîtresse ; quand on la possède ce n'est plus qu'une femme. — Ne soyez pas comédien, mon ami, si vous voulez être en paix avec la misère, si vous voulez souper tous les jours, si vous voulez dormir toutes les nuits ; ne vous embarquez point dans cette vie errante et presque vagabonde. — Ah ! croyez-en ma sagesse, demeurez dans votre beau pays si riche de moissons et de vendanges, dans ce beau pays où nous passons comme des eunuques dans le sérail. — La comédie est une belle maîtresse, c'est une laide femme.

Le discours du comédien dura une heure. Robert, ennuyé d'entendre toujours redire la même chose, s'endormit cette fois pour tout de bon. — L'insolent ! s'écria tout-à-coup le comédien, il m'écoute en dormant.

Il ressaisit Robert par la chevelure, et l'aventurier se réveilla en murmurant : — Je veux être comédien.

— Voilà un drôle bien édifié par mon discours, dit le comédien en contemplant pour la première fois la belle tête de Robert.

Il pensa que sa troupe était fort pauvre de belles têtes, et dit à Robert: — Que votre volonté soit faite. — Ma conscience est pure, pensait-il ; j'ai fait un discours, et ce n'est point ma faute s'il l'écoutait en dormant. — La famille viendra sans doute réclamer ce drôle, alors une récompense attend mon paternel discours.

— Allons souper, reprit-il en tendant la main à Robert qui s'éveilla tout-à-fait.

Le souper des comédiens n'était pas fort attrayant ; la table où s'arrêta Robert était couverte avec beaucoup de magnificence ; il y jeta un regard gourmand et n'y vit qu'une pyramide de salade. — Toujours de la salade ! dit-il avec désenchantement. — Dans quel mauvais pays sommes-nous donc?

Il contemplait piteusement les dentelures de la chicorée, les figurines et les arabesques du saladier, quand la duègne s'avança devant la table, suivie d'une soubrette, d'une amoureuse et de plusieurs jeunes filles qui étaient vieilles. Robert, émerveillé, levait languissamment ses yeux bleuâtres sur les comédiennes, en bénissant le sort qui l'avait jeté dans ce monde charmant. Pourtant, quand son regard passait sur la salade, son enchantement s'éteignait tout-à-coup. — Ce qui me console un peu, pensait-il, c'est que cette salade n'est point de la barbe de capucin. — On se mit à table; mademoiselle Léocadie, une des jeunes filles qui étaient vieilles, fit asseoir auprès d'elle l'aventurier qui devint éperdument amoureux de ses grâces et qui ne la regarda pas sans rougir.

— De la salade! murmura dédaigneusement la soubrette.

— Voyez-vous la précieuse qui joue la grande dame! dit la duègne avec humeur.

— J'approuve le dédain de Cydalise, dit l'amoureuse en repoussant sa fourchette; de la salade après un de nos plus beaux triomphes!

— Un triomphe qui nous coûte le lavage de cinq robes.

— Et la couronne de fleurs que vous avez recueillie! dit d'un ton moqueur mademoiselle Cydalise.

— Cela vous offusque, péronnelle?

— M'offusquer! Je me soucie bien des couronnes de fleurs.

— Eh ! eh ! dit la duègne en minaudant, cette couronne était ornée d'un madrigal qui m'a fait renaître au beau temps de mes amours. — Je me souviens encore des jolis vers que j'inspirais à M. le chevalier de Boufflers : l'amour logeait dans mes yeux alors.

— L'amour a sans doute trouvé l'hôtellerie mauvaise, dit le malicieux Robert.

Toute la troupe applaudit.

— En tombant sur vous, reprit l'amoureuse, le madrigal s'est changé en épigramme.

— J'étouffe, cria la duègne avec colère.

— C'est la vertu qui vous étouffe, dit en riant mademoiselle Cydalise. — Il y a si long-temps qu'elle n'a pris son vol.

— La vertu ! la vertu ! mademoiselle, je n'en fais point parade ; mais sachez que si je me suis enivrée comme vous autres du vin de l'amour, ce ne fut pas avec des cabotins comme vos amants.

La soubrette bondit en l'air, et s'élança comme une petite chatte vengeresse sur celle qui avait été séduite par Boufflers, ou plutôt qui avait séduit le chevalier errant. Jusque là messieurs les comédiens avaient paisiblement dévoré la salade : ils jugèrent alors qu'il était temps de se mêler de la querelle ; l'un d'eux voulut défendre la vieille, qui était sa mère ; un autre la soubrette, qui était sa maîtresse, et il s'ensuivit un combat acharné entre toute la troupe en discorde.

VIII

La Mère et l'Amante.

Mademoiselle Léocadie saisit la main de Robert et l'entraîna hors de la salle.

— Où allez-vous ? murmura-t-il en tremblant.

— Vous sauver, mon cher ange, répondit-elle.

— Me sauver !

— Ou vous perdre avec moi, mon beau lutin.

Robert sentit quelque chose qui s'effarouchait en lui.

— Oh ! oh ! voilà des aventures, pensait-il ; que diraient le maître d'école de Soucy et l'hôtesse de Valvert en me voyant ainsi aux prises avec l'amour ? Je suis aimé de toutes les femmes. En voilà une qui me conduit je ne sais où, à l'amour ? — mais où mène l'amour ?

Robert, toujours entraîné par mademoiselle Léocadie, se trouvait alors au milieu d'un vieil escalier où, grâce à l'amour qui le faisait chanceler, il faillit se rompre le cou.

Une lumière l'éblouit soudainement : une femme sortait d'une chambre de l'auberge, une lampe de fer à la main ; elle descendit lentement l'escalier et s'arrêta tout-à-coup à la vue de Robert.

— La femme de la fontaine ! dit l'aventurier en pâlissant.

Mademoiselle Léocadie, ennuyée de cette rencontre, voulut passer outre, mais un regard de l'étrangère l'enchaîna à la rampe. C'était un regard terrible et désolé, c'était la bête fauve, c'était l'oiselle, c'était la mère qui revoyait son enfant dans les mains d'une autre. Robert tressaillit et leva ses yeux effarés sur l'étrangère ; il voulut se jeter dans ses bras, en lui disant : Vous êtes ma mère, comme elle lui avait dit autrefois : Tu es mon enfant. Mais à cet instant la comédienne lui pressa la main avec plus de violence, et, involontairement, il se rapprocha d'elle tout frissonnant d'amour. La mère et l'amante, ou du moins ces deux femmes qui croyaient alors être mère ou amante, se lancèrent un coup d'œil farouche ; il y eut entre elles un combat de regards qui fit trembler Robert. Dans ces regards il y avait de la jalousie, de l'avidité, de la haine.

Et bientôt, dans les yeux de l'étrangère, ce fut de l'amour et des larmes. Et quand la jalousie se fut éteinte sous une larme, quand la haine se fut effacée sous l'amour, la pauvre femme descendit rapidement l'escalier en se disant encore : Je deviens folle car je ne suis pas mère. Tandis qu'elle descendait, la comédienne montait les dernières marches, entraînant toujours Robert éperdu. Tout-à-coup il se détacha de la comédienne et s'enfuit ; au bas de l'escalier, il s'arrêta à la vue de l'étrangère qui traversait la cour, à la voix de mademoiselle Léocadie qui le rappelait à elle. Il n'alla ni à l'une ni à l'autre : la mère le défendait des atteintes de l'amante, l'amante des atteintes de la mère. — Il demeura seul faisant un pas vers l'une, faisant un pas vers l'autre ; — c'était l'aiguille attirée par deux aimants. — La comédienne, furieuse d'être ainsi délaissée, vint se mettre à une fenêtre qui regardait dans la cour, sans trop savoir si c'était pour revoir Robert ou pour respirer la fraîcheur de la nuit ; Robert frémit en devinant qu'elle était penchée au-dessus de lui ; mais ses yeux demeurèrent attachés sur l'étrangère qui s'était arrêtée sur le seuil d'une porte et qui avait éteint sa lampe pour mieux voir dans la cour. Enfin Robert regarda mademoiselle Léocadie qui n'avait plus de robe. Je n'oserais affirmer que mademoiselle Léocadie fût plus attrayante sans robe ; mais pour un écolier comme l'était encore Robert, une robe de moins c'était à coup sûr un attrait de plus ; aussi l'étrangère fut oubliée si longtemps qu'elle disparut avec douleur. Une peine infinie déchira Robert quand il vit désert le seuil de la porte ; il lui sembla qu'une espérance s'envolait de son âme ; et trouvant qu'il y avait de la lâcheté à s'abandonner à la volupté qui frissonnait toujours en lui, il combattit de toutes ses forces et résista. Un homme vint à passer, c'était le comédien qui jouait le rôle de l'étudiant dans *Les Couturières*. Mademoiselle Léocadie lui fit un signe de tête, que Robert vit sans regarder. Le comédien monta, et le pauvre écolier, assailli par de tristes sentiments, se mit à contempler les étoiles.

Il sortit tout-à-coup de sa contemplation mystique au bruit terrestre d'un baiser; il regarda encore mademoiselle Léocadie qui était toujours à la fenêtre, et qui lui jetait un sourire moqueur; le comédien, penché au-dessus d'elle, appuyait la bouche sur son col. A la vue de ce charmant tableau, Robert frémit et pressa ses lèvres comme pour rendre un baiser; alors il pensa qu'il était absurde de flotter entre deux choses; il pensa qu'il fallait follement s'élancer vers l'une de ces choses, fût-ce vers la plus mauvaise; mais cette pensée lui venait trop tard.

Mademoiselle Léocadie se détacha de la fenêtre avec son dernier amant. Robert, jaloux comme un seigneur castillan, se remit à contempler les étoiles ; ce magnifique tableau rafraîchit son âme et calma son corps. — Quand il fut las de voir trembler les étoiles sur l'azur du ciel, il rentra dans la salle où mademoiselle Cydalise s'était montrée si dédaigneuse envers la salade. La soubrette n'était pas alors si dédaigneuse envers un amoureux qui batifolait avec elle. — La table avait été renversée pendant le combat. Un traître de mélodrame, nonchalamment couché sur deux chaises, respirait avec délices les fumées enivrantes du vin répandu. L'amoureuse, qui n'avait des galants que sur la scène, folâtrait devant lui dans l'espérance de le séduire ; vaine espérance ! le traître trouvait plus d'ivresse dans le vin que dans l'amour. En vain elle déployait tous ses attraits, elle mettait en jeu ses plus perfides chatteries, ses minauderies les plus coquettes ; en vain elle roucoulait les plus douces mignardises. Le comédien, las de savourer toutes ces choses, la vit sortir de la salle en riant dans sa barbe; — le traître avait gémi en voyant répandre le mauvais vin de l'auberge. Robert, appuyé contre la muraille nue, regardait de travers mademoiselle Cydalise, dont les yeux baignés de langueur avaient plus de charmes pour l'amoureux que toutes les coquetteries de sa compagne pour l'insensible traître. Il se passa d'étranges choses dans l'âme de l'écolier; c'était un violent orage, une tempête foudroyante; ses désirs s'étaient ranimés à la vue de toutes ces scènes ardentes, de toutes ces impures voluptés; tantôt il penchait sa tête comme pour l'appuyer sur le sein palpitant de l'hôtesse de Valvert; tantôt il fermait la main comme pour presser encore la main de mademoiselle Léocadie. A ces souvenirs il s'en mêlait d'autres moins chastes, il se mêlait aussi des rêves qui lui jetaient du rouge au front; mais par intervalle la douce image de la pauvre femme qui avait bu dans sa bouteille d'osier à la fontaine de Soucy, le souvenir de celle qui peut-être était sa mère, apparaissait au travers de toutes ces ombres impures comme le ciel au travers des orages.

IX

Presciosa.

Un regard moqueur de mademoiselle Cydalise dissipa les flottantes rêveries qui environnaient Robert. Plus confus que jamais, car il pensa que la soubrette devinait son histoire avec mademoiselle Léocadie, il prit le chemin de la porte, et sortit de la salle dans le dessein de chercher un lit. Il en trouva plusieurs, ce qui semblera merveilleux; mais tous ces lits étaient pour une noble famille descendue à l'auberge, et pour mesdames les comédiennes, qui accueillaient par compassion messieurs les comédiens; or, il y avait bien assez de ces comédiens-là sans Robert.

Comme il errait dans le corridor, il entendit tout-à-coup caqueter deux femmes dans une chambre voisine; l'espérance lui revint; il pensa à entrer, mais il demeura plus d'une heure à la porte la main appuyée sur la clef, n'osant pas en franchir le seuil. Quand il entra, les deux comédiennes dormaient; une petite lampe pendue au-dessus du lit les regardait dormir d'un œil mourant; ces dames ayant peur des fantômes, laissaient brûler la lampe pour les effaroucher. Robert, qui n'était point un fantôme, en fut presque effarouché; il s'avança lentement vers le lit, la bouche entr'ouverte pour éteindre la

lumière qui l'offusquait; mais un papillon de
nuit tournoyait à l'entour, et il eut l'enfantillage d'attendre qu'il eût brûlé ses ailes; or,
tout en suivant le vol capricieux de l'insensé,
son regard passa sur la tête de Presciosa, la
perle de la troupe; c'était la tête la plus douce
et la plus mignarde du monde; alors adieu
aux tournoiements du papillon, aux fantaisies
de son vol. A la vue de cette tête si blonde, si
blanche et si rose, Robert ébloui ferma involontairement les yeux; il les rouvrit plus
grands, et son regard, soudainement allumé,
se reposa avec un charme infini sur ce trésor d'amour à demi perdu dans l'oreiller.
Il n'avait jamais vu de formes si pures et des
couleurs si belles; une touffe de cheveux
échappée à une résille de soie retombait en
voile sur un cou d'albâtre. C'était un ange;
c'était plus pour Robert, c'était une femme
qui avait toutes les fleurs de la jeunesse,
toutes les grâces de la beauté, tous les parfums de l'amour; une femme jeune, belle,

amoureuse comme lui, une compagne, une sœur dans le désert du monde. Dans son extase il tomba agenouillé et rendit grâces à Dieu de cette découverte; son âme, qui nageait dans une source impure, en sortit blanche encore comme ces vapeurs légères qui s'échappent de l'orage pour flotter seules dans les splendeurs du ciel. La lampe s'éteignit; il eut peur de la nuit, il se cacha la tête de ses mains, et le sommeil vint à petits pas lui pencher le front sur le bord du lit; des images confuses passèrent dans sa mémoire et il s'endormit en rêvant.

Les premières clartés du matin blanchissaient la chambre, quand une femme passa devant le seuil de la porte, qui était restée entr'ouverte. — A la vue de ce beau dormeur, dont la tête renversée sur le bord du lit semblait demander un baiser, cette femme avança en silence et s'arrêta à ses pieds avec un étrange émoi; son regard, plein d'une tristesse rêveuse, se reposa amoureusement sur la bouche de Robert; bientôt, entraînée par un chaste désir, elle regarda autour d'elle, d'un œil troublé, s'inclina doucement, et lui laissa sur le front l'empreinte d'un baiser pur et doux comme un baiser maternel. Le dormeur ne s'éveilla point, mais il tressaillit; la pauvre femme en ressentit une joie ineffable. — O mon Dieu! murmura-t-elle, que va devenir cet enfant parmi toutes ces femmes?

Elle sortit de la chambre en jetant un dernier regard sur Robert, qui rêvait alors à mademoiselle Léocadie. — O mon Dieu! reprit-elle en descendant l'escalier, dites-moi pourquoi j'aime ainsi cet enfant?

Mademoiselle Léocadie.

Presciosa s'éveilla. Quand elle vit Robert nonchalamment renversé sur le bord du lit, elle se jeta tout effarée sur la duègne et se mit à crier comme un petit lutin; la duègne souleva péniblement sa vieille tête, et Robert, qui s'éveillait aux cris de Presciosa, eut si peur de cet épouvantail, qu'il s'enfuit soudainement dans le corridor. L'auberge se ranimait de toutes parts ; déjà les comédiens, qui devaient jouer le soir à la ville voisine, ramassaient çà et là leurs costumes fanés et les jetaient dans un vieux char à bancs de couleur douteuse, qui avait toujours émerveillé la province. Robert descendit dans la salle de théâtre et se mit à l'œuvre comme les autres. Le directeur de la troupe l'aborda en lui demandant où il s'était couché. Robert rougit et répondit qu'il n'en savait rien. Le drôle a de l'esprit, pensa le directeur ; il sera charmant avec Presciosa en chérubin ou en page : je l'emmène avec ma troupe.

Dans la matinée les comédiens et les comédiennes, à pied et en char à bancs, riaient, chantaient, dormaient sur une belle route bordée de pommiers ; Robert, presque toujours en avant, bondissait comme un jeune faon, et s'amusait à abattre des pommes pour les jeter ensuite aux comédiens attardés. Souvent le souvenir de Presciosa remplissait son âme; ses mains retombaient languissamment; de vagues désirs, de confuses espérances s'agitaient en lui; alors il se retournait, non pas pour lancer des pommes aux comédiens, mais pour regarder le char à bancs où était Presciosa. Et après ces vagues désirs, ces confuses espérances, il s'éveillait en son cœur d'autres désirs, d'autres espérances, qui le jetaient dans une joie délirante; peu à peu, le chaste souvenir de Presciosa s'effaçait sous le souvenir perfide de mademoiselle Léocadie. — Tous nos rêves commencent dans le ciel; mais ils finissent sur la terre.

Messieurs les comédiens avertirent pompeusement les curieux de la petite ville où ils s'arrêtèrent qu'ils allaient leur donner pendant quelques jours le plus attrayant et le plus varié des spectacles. Le plus attrayant et le plus varié des spectacles ne séduisit guère les curieux; en Normandie on n'aime que le drame ou la comédie de la cour d'assises.

Mademoiselle Léocadie n'avait pas perdu l'espérance de ravir le premier amour de Robert; elle n'avait jamais vu un adolescent si tendre, un chérubin si adorable; c'était d'ailleurs la seule fois en sa vie qu'un écolier d'amour lui tombait sous la main; elle n'était pas femme à laisser échapper un pareil trésor. Ce même soir, après le spectacle, elle entraîna Robert comme la veille, en lui disant qu'elle avait des choses précieuses à lui confier. Ils se jetèrent dans la première chambre venue, comme des oiseaux amoureux dans une branche. Mademoiselle Léocadie, qui avait eu la vertu de prendre une chandelle, la déposa sur une commode, se laissa nonchalamment tomber sur une chaise, et regarda la forme presque mignarde de ses pieds en songeant au plaisir. Robert demeura en silence devant elle, la tête penchée, le cœur palpitant, effa-

rouché comme un séminariste dans un lieu
profane. Mademoiselle Léocadie, bientôt
ennuyée du silence de son amant, essaya de
sourire, et lui dit d'une voix haletante :
— Ici la vertu est en danger, je me sauve.
Adieu, monsieur. Elle eût été bien attrapée
si Robert l'eût laissée partir; mais Robert
avait trop d'instinct pour mettre à l'épreuve
une pareille vertu : aussitôt que la belle se
leva pour sortir, il se jeta sur son passage
et la retint dans ses bras; elle voulut briser
ces chaînes d'amour, et Robert l'étreignit
avec plus de violence. Il advint un combat
charmant. Mademoiselle Léocadie se laissa
retomber sur la chaise, et Robert, singuliè-
rement enamouré, lui lança les plus douces
œillades du monde. Pendant la lutte une
épingle s'était détachée du châle de la
belle; le châle tomba bientôt; elle fit mine
de le retenir, et dans son élan une agrafe
se brisa sur son corsage; ces accidents
étaient des narquoiseries de l'amour. En

essayant de rattacher son corsage elle arracha le nœud de sa collerette, qui ne cacha plus sa gorge que pour l'amour de Dieu.

— Je vais me coucher, dit-elle; j'espère, monsieur, que vous n'aurez pas l'impudeur de rester plus long-temps dans cette chambre.

— Seulement jusqu'à demain, madame.

— Je vous prie de vous en aller, monsieur.

Robert, qui était sûr de vaincre, s'avança vers la porte pour s'amuser de la vertu de mademoiselle Léocadie.

— Où allez-vous? lui dit-elle d'une voix de syrène.

— Ailleurs, madame.

— Je ne veux pourtant point vous chasser; promettez-moi d'être sage; je me coucherai, car je me sens malade; vous viendrez auprès du lit, et nous bavarderons tout à notre aise.

— Eh bien, couchez-vous.

— Allez là-bas à la fenêtre, et regardez ce qui se passe au dehors.

— J'aimerais mieux voir ce qui se passe dans la chambre.

— Robert, soyez sage, ou je me fâcherai.

Robert s'en alla à la fenêtre en songeant à venir surprendre la sauvage. — Mademoiselle Léocadie moucha la chandelle, sans doute afin que Robert vît plus clair, puis elle se cacha sous le rideau et dégrafa sa robe. L'écolier voyait avec ivresse ses mouvements se dessiner sous la serge. Quand elle délaça son corset, il pensa à s'élancer vers elle; mais, redevenu timide tout d'un coup, il demeura contre la fenêtre sans pouvoir avancer d'un pas. Mademoiselle Léocadie se délaça avec une amoureuse lenteur, espérant toujours être surprise pendant que sa gorge émue bondissait encore dans sa prison. Avant d'en finir elle se décoiffa, et dénoua sa jarretière qui avait servi de bracelet à sa grand'mère. Vous devinez pourquoi elle ne se délaçait pas tout-à-fait : c'est que la prisonnière était plus attrayante en sa prison qu'en liberté. Enfin, lasse d'attendre, elle imagina d'allumer une de ses papillotes, et de la jeter au milieu de la chambre en criant au feu. Robert fut le jouet de ce mensonge; il courut au lit et en arracha le rideau.

— Mon Dieu! s'écria mademoiselle Léocadie à la vue de Robert.

— Mon Dieu! s'écria Robert à la vue de mademoiselle Léocadie, ou plutôt à la vue de ses parures.

Je ne parle pas de ses bracelets, ni de sa chaîne de similor, ni de ses pendants d'oreilles.

— Soyez sage, monsieur, dit la belle en ramassant le rideau pour voiler les deux pommes jumelettes si bien chantées par Ronsard.

Robert comprit enfin que c'était par ironie qu'on lui recommandait la sagesse; il pensa qu'il était temps d'être fou.

XI

Comment Robert revient à Dieu.

Cela n'empêcha point Robert d'être plus follement épris que jamais de Presciosa, dont la coquetterie étouffait déjà l'amour. Robert l'aima avec idolâtrie; mais la belle se soucia peu de son martyre. Le pauvre écolier se consolait en pensant que Presciosa n'avait pas encore aimé ; — il se consolait même avec mademoiselle Léocadie.

Robert demeura quatre ans avec les comédiens ; il était le seul amoureux de la troupe ; tous les soirs il émerveillait les dames des petites villes par son jeu plein de charmes et surtout par ses œillades enflammées ; il adorait sans cesse Presciosa ; il languissait en vain aux pieds de la rebelle qui se moquait de sa mine élégiaque.

Je n'en finirais pas si je racontais les aventures de Robert chez les comédiens. Je ne raconterai que l'histoire suivante qui est une des histoires de son cœur.

Il rencontra un jour dans une chambre d'auberge où couchait la duègne et Presciosa, un beau vieillard à cheveux blancs. Ce beau vieillard était un lâche, ces cheveux blancs couvraient la tête d'un impie. Prêtre sous le règne de Louis XVI, il avait délaissé la sainte armée à l'heure du danger ; dans les terreurs révolutionnaires il avait ren-

versé le Dieu qu'il adorait, il avait profané
l'église encore toute retentissante de ses
prières. Agé de près de quatre-vingts ans, il
ne songeait qu'à médire des prêtres ses
frères, et de Dieu son père. Le Christ et la
vierge Marie étaient surtout les hochets de
ses lèvres impures. Il avait coutume de dire
sa vie à tout venant ; rien n'était hideux
comme de l'entendre se glorifier de ses lâ-
chetés. Robert s'inclina devant sa blanche
chevelure, tout ému de vénération à la vue
de cette belle vieillesse corporelle que n'a-
vaient pu renverser les orages de la vie. A
peine eut-il dit quelques mots que le vieillard s'empressa de lui raconter son histoire.
Robert, pareil à tous les écoliers, affichait
alors un profond dédain envers la religion
catholique; il avait lu avec joie *la Guerre des
Dieux* du chevalier de Parny; il savait par
cœur toutes les gentillesses irréligieuses du
dernier siècle ; il avait étouffé l'amour du
ciel sous le rire obscène des philosophes.

Quand on lui parlait de Dieu, il répondait, comme s'il se fût agi d'un ami qu'il avait cessé de voir : — Nous ne nous voyons plus. Il s'était indolemment endormi dans l'insouciance la plus embrumée du monde ; il croyait peut-être encore, il ne prenait pas la peine de savoir s'il croyait. En écoutant l'histoire du prêtre qui avait foulé du pied sa robe et sa tunique ; en voyant à nu toutes les misères de cette âme perverse, il se révolta tout-à-coup contre sa jeunesse impie, il s'arma d'une sainte colère et pria Dieu de lui pardonner son égarement. Au lieu de l'amuser, l'ironie amère du prêtre lui fit peur ; il fut épouvanté du sourire démoniaque de ce serviteur rebelle. Ainsi le vieillard, dont la hideuse mission était de faner les croyances qu'il voyait sur sa mauvaise route, ranima comme par miracle la foi, l'ardeur, l'amour de Robert. Il en est souvent de même : en voyant l'eau noire des chemins on se souvient avec délices du cristal des fontaines.

Presciosa, qui était sortie avant l'arrivée de Robert, rentra comme le vieillard finissait de confesser les erreurs de sa vie. Dans toute cette histoire où le cœur n'apparaissait jamais, pas une pensée consolante! Le malheureux avait perdu le souvenir des douces espérances, des élans d'amour, des purs sentiments de sa jeunesse; car il avait été jeune, et dans la jeunesse la plus misérable Dieu prodigue toutes ces belles choses, tous ces trésors que le monde ravit. A son entrée, Presciosa se jeta au cou du vieillard en l'appelant mon père. Le vieillard la baisa sur la joue avec trop d'amour et la regarda d'un œil trop enflammé; il y avait quelque chose d'impur dans son regard et dans son baiser: Robert en fut jaloux, il fut même révolté qu'un vieillard de quatre-vingts ans ne fût point encore austère, surtout après une existence toute pécheresse. — Cependant, pensait-il, ce vieillard impur vient de m'ouvrir les yeux à la lumière de Dieu, et sa fille m'a appris tous les enchantements de l'amour. S'il était demeuré prêtre, s'il n'avait point eu de fille, s'il n'avait décrié Dieu pour m'armer contre Dieu, j'ignorerais peut-être encore les plus pures et les plus douces délices : l'amour du ciel, l'amour de la terre, Dieu et Presciosa.

LIVRE III.

I

Pourquoi l'hôtesse de Valvert pleurait devant sa cheminée.

Robert demeura donc quatre ans avec les comédiens. Il finit par se lasser de cette vie errante et vagabonde où il dépensait sa jeunesse en enfant prodigue. Ces quatre années furent pour lui si bruyantes et si variées, si pleines de folles joies et d'adorables tristesses, d'ardentes amours et de chastes rêveries, qu'il n'en garda qu'un souvenir confus. Plus tard, quand il y replongeait son regard, cette existence de comédien repassait si rapide devant ses yeux qu'il croyait voir s'enfuir un panorama lointain dont toutes les teintes étaient confondues ; il ne distinguait que deux choses dans le panorama de ses souvenirs : le ciel et la terre, la charmante Presciosa et mademoiselle Léocadie. Il n'avait pas cessé d'aimer Presciosa, mais la coquette s'était toujours moquée de sa mine sentimentale et de ses œillades idolâtres; pendant qu'il soupirait après ses faveurs inespérées, elle soupirait après Paris, après l'opéra, le sérail de la France. Il s'était tristement vengé de ses dédains avec mademoiselle Léocadie qui se vengeait avec lui de bien d'autres dédains.

En se séparant de la troupe où restait Presciosa, il fut saisi d'une douleur infinie dont l'amertume lui revint long-temps au cœur ; il se repentit pendant quelque temps de cette sage séparation ; mais la jeunesse qui dévore tant d'amours, tant d'espérances, tant d'illusions, dévora bien vite ses regrets, et Presciosa se fana dans son âme sous le rayonnement de son amour, comme une fleur qui a brillé avec trop d'éclat et qui meurt sous l'ardeur du soleil.

Après avoir traversé deux fois la France avec la troupe, Robert se retrouva dans son beau pays à quelques lieues de Soucy et de Valvert ; — là, en revoyant la rivière, la verdoyante vallée, les villages d'alentour, les montagnes bleuâtres qui forment l'horizon, il se sentit renaître au calme, à la pureté de sa blonde enfance. Trop insouciant encore pour regretter l'insouciance, il regretta surtout ses jeux et ses folies à la fontaine de Soucy. — Cette belle fontaine avait été le paradis de son enfance : il y avait là de la verdure et des fleurs, du soleil et de l'ombre ; à deux pas de la fontaine un abreuvoir où il se plongeait comme les grenouilles, de grands arbres dont les feuilles verdoyaient comme ses espérances.

Toutes ces choses charmantes qui s'animaient dans sa pensée s'effacèrent bientôt sous la douce image de l'hôtesse, et comme il voyait alors le bleu clocher de Valvert, il s'élança sur le chemin de ce village, s'imaginant déjà que l'hôtesse lui tendait encore ses bras maternels. Il eut bientôt traversé les prairies où tant de fois il avait sommeillé en respirant le parfum des primevères, des mauves, des amourettes. En passant dans Valvert il était presque confus sous les regards avides des paysans. Quand il atteignit l'église, le dogue, son vieil ami, qui dormait sous le portail, courut à sa rencontre et le renversa contre un pilier. Quoique le dogue fût aussi son ennemi, Robert le revit et le caressa avec une folle joie. Ils s'en allèrent ensemble vers l'auberge; le comédien écoutait avec délices les grincements de l'enseigne ; dès qu'il entrevit la façade, il repoussa le chien qui retombait sans cesse sur ses bras, il devint plus pâle et se sentit défaillir. Il arriva enfin devant la porte. Le dogue, qui jusque là avait été son ami, redevint tout-à-coup son ennemi ; il se jeta sur le seuil en lui montrant qu'il avait toujours des dents aiguës et des yeux jaloux. Robert, qui ne pouvait passer, s'étonna de ne pas voir arriver l'hôtesse ; il finit par vaincre la résistance du chien et franchit le seuil. L'hôtesse, tristement inclinée devant la cheminée, ne se retourna pas. Robert, ému jusqu'aux larmes, s'arrêta à quelques pas d'elle sans avoir la force de lui parler. La pauvre femme pleurait aussi, mais elle pleurait de douleur. Elle releva enfin la tête en essuyant ses yeux.

— Vous pleurez ! dit Robert en se jetant dans ses bras.

— Robert ! Robert ! s'écria-t-elle en laissant tomber sa tête sur l'épaule de son cher enfant.

Robert l'embrassa et l'appuya sur son cœur.

— Vous pleurez! reprit-il.

— C'est la joie! c'est la joie de vous revoir!

Et l'hôtesse baisait les cheveux brunis de Robert.

— Comme vous êtes grand! comme vous êtes beau! il y a si long-temps que je ne t'ai vu, mon enfant; assieds-toi, repose-toi. — Je n'espérais plus vous revoir, car je n'espérais plus aucun bonheur. — Ma vie a bien changé! la joie n'est plus ici comme au beau temps passé. La joie t'a suivi dans ta fuite, car tu es jeune; la joie m'a délaissée, car je suis vieille; — vois plutôt les rides de mon front. Je n'avais que trente ans à ton départ, il me semble que j'en ai déjà cinquante, tant la peine vieillit vite.

L'hôtesse ne put arrêter un soupir.

— La peine; je suis folle, mon Dieu! ne pensons qu'à la joie de nous revoir. — Mais toi, mon enfant, — mon enfant! mais tu n'es plus un enfant! — que t'est-il advenu durant le siècle qui nous a séparés? Vous avez couru le monde, vous avez fait la cour aux belles, monsieur. Vous êtes un beau galant, ma foi! Je ne vous ai jamais plaint, ingrat, mais j'ai plaint votre jeunesse, ce trésor de la vie que vous dépensiez avec tant d'insouciance. Vous êtes pâle comme la mort! O Robert, gardez long-temps votre jeunesse, ne la fanez pas dans le plaisir, ne la laissez point abattre par l'amour, n'en prodiguez pas les fleurs charmantes.— Mais je perds la tête, je deviens folle!

La pauvre femme appuya le front de Robert sur sa gorge palpitante; — et Robert frémissait comme autrefois, quand tout-à-coup l'hôtesse le repoussa à la vue d'un homme qui entrait.

La pauvre veuve s'était remariée.

— Un beau soleil d'automne, dit cet homme en souriant. — Le raisin va bien mûrir par ce temps-là.

— Gervais, dit l'hôtesse d'une voix tremblante à son mari, descends donc à la cave.

Et se penchant à son oreille :

— Du vieux vin cacheté.

L'aubergiste regarda Robert de travers et disparut par la porte de la salle.

— C'est mon mari, dit à Robert l'hôtesse en soupirant. — Il faut que vous soyez un étranger à ses yeux ; souvenez-vous de cela, Robert. — Et vous ne pouvez demeurer long-temps ici, car c'est un homme méchant. — Qu'allez-vous devenir, mon ami? Ah ! j'y pense, le clerc de notaire est mort la semaine passée; j'ai rendu de bons offices à M. Desmasures; j'ai décrié le maître d'école qui lui prenait des actes, en accoutumant les villageois à ses sous-seings privés; si vous voulez, j'irai trouver M. Desmasures ; grâce à ma sollicitude et au souvenir de mes services, j'espère qu'il vous accueillera comme mon enfant. — Eh ! qui pourrait vous repousser? Embrassez-moi vite, ingrat.

N'est-ce pas que vous allez devenir le clerc de M. Desmasures ? Au moins là vous ne serez pas trop loin, et si je me sens mourir, j'irai vous dicter mon testament.

L'aubergiste vint déposer une bouteille sur la table et sortit au même instant pour aller à ses vignes, en songeant à l'avantage de cacheter le vin. Robert fit une grimace à cet homme, tout en souriant à l'étude de maître Desmasures. — C'est une place glorieuse, pensait-il ; je serai parmi les filles du pays comme le grand pacha au milieu du sérail ; je serai l'astre le plus rayonnant de la jeunesse d'alentour.

— Je ferai tout ce qu'il vous plaira, dit-il à l'hôtesse. — Ainsi, des actes, si M. Desmasures me trouve digne d'être son clerc.

Robert passa la nuit à l'auberge dans son petit lit d'autrefois ; mais il ne dormit plus, il ne rêva plus comme à quinze ans ; déjà de vagues inquiétudes s'agitaient en lui ; des désirs sans nombre, de vaines espérances, de flottantes rêveries d'amour animaient son âme ardente : l'avenir, ses vagues horizons, ses bruits confus, ses lointains bleuâtres, se dessinaient sans cesse sous les yeux de sa pensée; — et souvent dans ses songes, il revoyait la pauvre femme de la fontaine, il demandait à Dieu si elle était sa mère, il demandait à la destinée humaine par quelle bizarrerie il se trouvait ainsi séparé de cette femme; il se perdait dans un dédale où durant des longues heures il ne trouvait que la nuit. Le lendemain dans la matinée l'hôtesse vint l'éveiller; il ne s'était endormi qu'à l'aurore; la pauvre femme lui baisa le front en souriant; mais il vit des larmes dans ce sourire.

— J'ai vu M. Desmasures, dit l'hôtesse; dès aujourd'hui vous êtes son clerc. M. Desmasures vous hébergera et vous donnera de l'argent. — Je ne crains qu'une chose: vous êtes beau à ravir, et M. Desmasures, qui est d'une laideur repoussante, vient d'épouser en ces derniers temps une femme coquette qui ne serait pas fâchée de folâtrer avec vous. — Soyez sage, Robert, du moins envers madame Desmasures ; il y a bien assez de filles en ce pays dont vous serez la coqueluche.

Après ce maternel discours, qui était aussi autre chose qu'un discours maternel, l'hôtesse pressa la main de Robert et descendit au jardin pour y cueillir les plus belles grappes de raisin, les pêches les plus belles et les plus rosées ; elle voulait que le dernier déjeuner de Robert fût digne de son amour ; un de ses filleuls lui avait apporté la veille deux grives qu'elle avait précieusement cachées aux regards de son mari ; les deux grives étaient à la broche devant le feu le plus animé et le plus sautillant du monde. Robert fut aussi surpris que charmé de ce déjeuner de famille ou d'amoureux dans une auberge ouverte à tout venant ; sous son regard presque troublé, l'hôtesse assise en face de lui chancelait dans une vaporeuse ivresse ; jamais elle n'avait été aussi émue ; ses pieds frémissaient au voisinage des pieds de Robert ; à la seule pensée qu'il n'était plus un enfant, elle tremblait et se sentait rougir ; peut-être se ressouvenait-elle de l'avoir vu dormant au jour douteux de la petite chambre.

II

Madame Desmasures s'affole de Robert.

Robert devint donc le clerc de maître Desmasures, et cela lui fut d'autant moins malaisé qu'il était fort rebelle aux lois de la grammaire. Quoiqu'il eût été comédien, il ignorait les choses les plus simples de la languistique, et si la mort était alors ve-

nue, il n'aurait pas dit comme Dumarsais :
Je vais où je vas mourir ; ne sachant pas si
l'un et l'autre se disaient. Il se soumit sans
rougir au style grotesque qui se pavane sur
le papier timbré. M. Desmasures lui fit
presque comprendre l'utilité d'écrire : — Et
ont les parties signé, — au lieu de : — Et les
parties ont signé. — Car, s'écria le notaire à
la fin de la leçon, nous courons toujours
après la clarté. — Voilà pourquoi ils sont
toujours dans les ténèbres, pensait sournoisement Robert en inclinant la tête.

Les fenêtres regardaient une belle nappe
de verdure ombragée par un bouquet d'acacias, par des platanes épars, et arrosée par
une source murmurante qui s'échappait
d'une fontaine voisine. Cette belle pelouse
appelait souvent le regard distrait de Robert, qui trouvait plus de charme à lire dans
le livre toujours ouvert et toujours beau de
la nature, qu'à feuilleter les codes, qui n'étaient que cinq ces années passées, et qui

étaient dix-huit hier, peut-être y en a-t-il vingt aujourd'hui, grâce à la civilité du siècle.

Madame Desmasures s'affola de Robert qui était plus que jamais en souci de plaire aux femmes. Robert s'affola de madame Desmasures, et, sans que le vieux notaire s'en doutât, son honneur fut en danger. C'était un amour fort silencieux ; nul aveu ne passa sur les lèvres des amants ; mais souvent à la promenade, dans le petit parc, au dîner, pendant que M. Desmasures lisait le Journal des notaires en rêvant aux actes du matin ; dans l'étude, quand madame Desmasures venait pour regarder l'aiguille du baromètre, pour savoir le jour de la semaine ou pareille autre frivolité qu'elle n'ignorait pas, ces amants silencieux se révélaient dans un regard rapide tous les mystères de leurs âmes. M. Desmasures ne voyait rien, mais il n'en pensait pas plus. Il y avait plutôt de la volupté que de la sentimentalité dans ces deux âmes; au regard de la jeune femme, Robert frémissait et s'abandonnait indolemment aux songes impurs; au regard de Robert, la folle épouse de M. Desmasures qui était devenu sage, se demandait pourquoi le clerc ne ferait pas tous les actes du notaire.

Robert n'allait pas souvent chez l'hôtesse, qui, s'inquiétant bientôt de ne plus le revoir, imagina d'aller demander un conseil à M. Desmasures à propos de je ne sais quoi. Elle trouva l'étude déserte et ne put étouffer une jalouse pensée qui lui vint au cœur. Elle allait sortir de l'étude, quand elle entrevit parmi les arbres verts du petit parc la robe flottante de madame Desmasures, et presque au même instant la belle tête de Robert qui s'inclinait vers la jeune folle.

La pauvre hôtesse voulut en vain fermer les yeux sur ce tableau.

Robert offrit un verdoyant bouquet à

madame Desmasures, qui se récria sur la misère des fleurs et qui en détacha les corolles pour les jeter à son amant; Robert effeuilla la branche tombante d'un platane et un amoureux combat s'ensuivit; amoureux, parceque leurs yeux s'allumèrent et que, dans leur élan, ils semblaient se jeter tout ce qu'il y avait d'amour en eux. Robert souriait d'enchantement en voyant se dessiner dans la lutte, sans trop de confusion, les formes païennes de la jeune femme qui était surtout charmante dans ses lutineries. Madame Desmasures souriait peut-être à la pensée qu'un combat en amour mène toujours à quelque chose. Elle se reposa enfin en se laissant tomber contre un platane avec une nonchalance si enivrante que Robert se sentit chanceler. — Il s'approcha d'elle en rougissant et en baissant les yeux; elle rougit aussi, et craignant presque la fin naturelle de cette scène toute sentimentale, elle fit un bond et s'enfuit en chantant. Robert demeura surpris comme un enfant qui voit s'envoler l'oiseau qu'il allait saisir; il regarda autour de lui, et à la vue de tant de verdure et de fleurs parsemées à ses pieds, il pensa qu'il dépensait ainsi sa jeunesse et son amour en vaines frivolités. — Ma jeunesse, dit-il, est en prison dans une étude de notaire, mon amour dans le cœur d'une femme qui n'a point d'amour.

Il retourna à sa prison en riant de son esprit philosophique, et en demandant ironiquement pardon à M. Desmasures d'avoir pour un instant changé d'étude.

III

La vertu de madame Desmasures.

L'hôtesse n'était plus à l'étude; après s'être assurée que madame Desmasures échappait à Robert, elle était partie en pensant à toutes les choses qu'elle avait vues. Hélas! elle n'était pas seule à regarder les folâtreries des amants; la servante qui avait souvent en vain adouci ses regards en éveillant Robert le matin, lavait alors sa jupe dans le fond du petit parc; elle fut révoltée des enfantillages de sa maîtresse, et se promit d'en avertir M. Desmasures. Le soir, à cet avertissement, M. Desmasures, qui était un homme plein de dignité, jeta la servante à la porte — la terre n'en tourna ni plus ni moins — et il se mit à combattre l'amour de Robert par son amour. Mais un autre soir, le pauvre homme devina à la vue d'une flamboyante œillade que bientôt la bataille serait à Robert et qu'il n'aurait pas la consolation de se dire comme François Ier à Pavie : — Tout est perdu hormis l'honneur. Avant de jeter Robert à la porte, il voulut mettre à l'épreuve la vertu de sa femme; l'insensé! La vertu, c'est un beau magot de la Chine qui se brise au moindre choc : bien fol est qui s'amuse à le laisser tomber pour en savoir la fragilité.

Dans son dessein, M. Desmasures dit à sa femme avec sournoiserie qu'il partait le lendemain avant le jour pour la ville prochaine où il devait écrire un testament. Madame Desmasures prit une mine lugubre pour voiler sa joie, et Robert se mit à caresser le chat de la maison en signe d'insouciance.

Le lendemain, aux premières teintes de l'aurore, M. Desmasures fut éveiller Robert qui ne dormait pas, mais qui se laissa éveiller, le traître !

— Descendez à l'étude, lui dit le notaire ; vous avez sans doute égaré le Livre des hypothèques et je perds un temps précieux à le chercher.

Robert glissa ses pieds dans ses pantoufles, se couvrit d'une mauvaise robe de chambre qui lui venait des comédiens, et suivit à la hâte M. Desmasures. Il couchait au-dessus de madame Desmasures ; en descendant l'escalier, le notaire lui recommanda le silence pour sa femme qui dormait. Robert, qui suivait en aveugle M. Desmasures, vit pourtant dans l'ombre que la porte de la chambre à coucher était entr'ouverte; à cette vue, il trembla d'amour, une idée jalouse le saisit, et peu s'en fallut qu'il ne jetât le notaire au bas de l'escalier. Il entra dans l'étude, et pendant qu'il cherchait le Livre des hypothèques, mis à dessein sous un fauteuil, M. Desmasures, enchanté de son esprit, c'est-à-dire enchanté d'avoir attiré Robert sur le chemin de sa femme, sortit de la cour en lui criant qu'il n'en voulait plus, et Robert songeait à cette vieille extravagance, quand il entendit le retentissant galop du cheval.

— Que Satan te conduise! murmura-t-il en fermant la porte de l'étude.

L'image de madame Desmasures frémissait dans son âme et l'agitait sans cesse; une rumeur sourde s'éveillait en lui, un souffle ardent desséchait ses lèvres, un éclair humide errait dans ses yeux. Il monta l'escalier d'un pas allangui; pendant cette fatale lenteur les mauvais désirs le saisirent, l'enlacèrent, l'étreignirent jusqu'à l'ivresse; il voulut échapper à leur charmante perfidie en passant avec rapidité devant la porte de la chambre à coucher; mais le diable qui avait entr'ouvert cette porte, entr'ouvrit à cet instant les paupières de l'amoureux qui s'arrêta comme un voyageur altéré à la vue d'un oranger courbé sous l'or de son fruit. Robert flotta long-temps—une minute peut-être — entre madame Desmasures et la sagesse, un bras tendu vers la porte, un bras tendu vers la rampe, un pied sur le seuil, un pied sur l'escalier, effrayé de son audace, riant de sa rougeur timide, tressaillant aux appels de la volupté, frissonnant d'une peur enfantine;— enfin il franchit le seuil et se trouva tout d'un coup au pied du lit de madame Desmasures qui n'avait point de veilleuse pour éclairer son sommeil, ainsi qu'il s'en voit toujours dans les romans intimes. Les derniers rayons de la lune, le premier reflet de l'aurore passaient par la fenêtre de la chambre. Madame Desmasures, ombragée de cette blanche clarté par ses rideaux de gaze, n'était pourtant pas dans une nuit aveugle, et du premier regard Robert saisit le gai sourire qui ne s'effaçait pas de sa bouche même durant le sommeil ; — il est vrai qu'alors madame Desmasures ne dormait pas, elle faisait semblant. — Que de femmes font semblant !

Madame Desmasures ne voyait pas, n'entendait rien, et savait pourtant que Robert était au pied de son lit, le cou tendu, la bouche entr'ouverte, pâle et frémissant, ivre et fou. La jeune femme, dont l'amour n'était qu'un jeu, songea à s'amuser du martyre de Robert ; son cœur battait avec violence, car la pudeur s'effarouchait en elle comme un jeune ramier délaissé dans son nid à l'heure du carnage, et elle riait, la folle, elle riait dans sa pensée, elle s'amusait du supplice amoureux de Robert, elle voyait déjà dans les vapeurs de son imagination se dessiner confusément les scènes bouffonnes ou tristes d'une aventure galante, d'une comédie sentimentale. Madame Desmasures n'était qu'un enfant, à peine si elle avait de la femme ce qu'il faut pour faire semblant de dormir.

Robert fit un pas et pencha sa tête au-dessus de son lit ; elle tressaillit à son souffle et leva involontairement son bras. Robert pensa à lui saisir la main, mais le bras était retombé durant son indécision. Le pauvre amoureux était si tremblant, si triste de sa joie, si malheureux de son bonheur, qu'il voulait lâchement s'enfuir; mais il fut averti par l'instinct que madame Desmasures ne dormait pas, et la crainte de passer à ses yeux pour un sot le retint aux pieds du lit. La coquette, l'aventureuse, trouvant monotone la comédie, souleva son bras une seconde fois; Robert le pressa de ses mains et de ses lèvres en même temps, et tout fut perdu, même l'honneur de M. Desmasures.

L'ivresse de Robert passa comme un songe, car un bruit étouffé se fit entendre à la porte; il se jeta dans l'ombre que formait le lit, il s'enveloppa dans les rideaux — et madame Desmasures *se rendormit.*

Une lumière éclaira soudainement la chambre; à travers la gaze du rideau, Robert vit le vieux notaire armé d'un chandelier de bronze et d'une cravache vengeresse; c'était un appareil terrible pour un écolier d'amour, aussi Robert en fut tant effrayé qu'il ferma les yeux et détourna la tête. A ce mouvement de crainte le rideau s'agita, et M. Desmasures se repentant d'avoir mis à l'essai la vertu de sa femme, s'avança au pied du lit où s'était réfugié Robert, qui, pressentant un coup de cravache, bondit en l'air comme un chat qui voit un chien.

— Que faites-vous ici? s'écria M. Desmasures d'un ton solennel.

— Je ne sais pas, répondit funèbrement Robert.

Le notaire lança le chandelier à son clerc; mais Dieu, qui veille sur les enfants et sur les fous, veille aussi sur les amants qui sont des enfants et des fous : voilà pourquoi le chandelier n'atteignit point Robert, au grand dépit de M. Desmasures, qui, se trouvant tout d'un coup dans une nuit profonde, craignit à son tour la vengeance de son élève; mais Robert n'était point si fou de s'amuser aux bagatelles de la porte, et M. Desmasures tendait les mains avec terreur pendant qu'il s'élançait dans l'escalier. — Il sortit de la cour et traversa le village avec une rapidité non pareille, sans songer qu'il avait pour vêtements une robe de chambre en guenilles et des pantoufles sans semelles. Malgré sa robe et ses pantoufles un rayon de joie passait dans l'orage de son âme; toute fâcheuse qu'elle fût, son aventure l'enorgueillissait et donnait à sa vie une tournure romanesque.

Il fuyait à travers les champs, fier comme un soldat qui s'est battu noblement et qui échappe au massacre des ennemis; mais au premier regard du soleil il redevint humble et s'abandonna follement au désespoir en voyant ses fabuleux habits. Alors seulement il osa regarder en arrière et fut très surpris de ne point se voir poursuivi par M. Desmasures; il se laissa tomber sur la lisière d'un petit bois qui couvrait le versant de la montagne, et murmura d'un air piteux : Monseigneur Robert, nous sommes sorti des griffes du notaire, il ne serait pas malsain de sortir au plus vite de ces nippes dorées.

— Pourtant, reprit-il en s'enveloppant dans la robe, voilà le seul gîte qui me reste contre la fraîcheur du matin, voilà ma seule richesse en ce monde.

Il avait encore une autre richesse qui valait bien celle-là : la jeunesse, l'espérance, l'amour.

IV

Robert se fait voleur de grand chemin.

Robert, assis sur l'herbe sous un tremble gigantesque dont les feuilles d'argent, agitées aux brises du matin, secouaient mollement des perles de rosée, regardait le soleil levant par une échappée de bois, en avisant au moyen d'avoir d'autres habits;

quand le prêtre de Valvert vint à passer. C'était un jeune fat trop mondain, dont la parole dédaigneuse avait souvent froissé Robert; et Robert s'avança sur son chemin en jetant un regard de convoitise sur sa magnifique soutane.

— Monsieur l'abbé, lui dit-il d'un ton moqueur, je serais à merveille dans votre soutane, vous plairait-il d'essayer de ma robe de chambre?

Le prêtre offensé voulut dépasser Robert sans lui répondre; mais Robert, qui était encore dans l'ivresse de son aventure, l'arrêta en le saisissant par sa soutane.

— Monsieur l'abbé, si vous n'avez pitié de mon état, j'en aurai pitié moi-même; si le grand jour offense votre pudeur, nous franchirons la lisière du bois. — Ce sera un échange d'amis, monsieur l'abbé; n'allez pas refuser, car alors je serais forcé de vous dépouiller, et ce serait un péché véniel qui retomberait sur vous.

— Vous êtes fou, dit le prêtre en repoussant Robert; on m'attend au prochain village pour consoler une mourante.

— J'irai la consoler pour vous.

Et Robert, qui avait ressaisi la soutane, entraîna le prêtre, qui le regardait d'un œil colère.

— C'est une violence inouïe, c'est une folie sans exemple !

— C'est plus que tout cela, c'est un vol, monsieur l'abbé.

Robert s'empara du chapeau à cornes et s'en coiffa avec une insolente coquetterie.

— En échange, monsieur l'abbé, voilà mes deux pantoufles : cela vous chausse-t-il ?

Le pauvre prêtre était pétrifié par tant d'audace ; il essayait vainement de repousser Robert, qui essayait de dégrafer sa soutane.

— Mais, monsieur, si ce n'est point un jeu...

— Non, monsieur l'abbé : on m'a mis à la porte en robe de chambre, je ne puis aller nulle part ainsi, puisque je n'ai point de gîte, tandis que vous, qui êtes prêtre, vous avez toujours un presbytère où vous pouvez entrer avec tous les vêtements du monde, et même sans aucun vêtement.

Pendant qu'il raisonnait ainsi, Robert avait détaché l'écharpe de soie qui formait la ceinture du prêtre. En échange il lui offrit le cordon de sa robe de chambre. Le prêtre, révolté, jeta Robert à ses pieds ; mais Robert se releva aussitôt, et renversa à son tour le prêtre, affaibli dans le jeûne et dans la prière.

— Vous voyez, monsieur l'abbé, que la raison du plus fort est toujours la meilleure ; vous êtes si frêle qu'une seule secousse vous briserait, ne vous avisez pas de lutter contre moi.

Robert s'appuyait impitoyablement sur les épaules du prêtre.

— Un peu de complaisance, monsieur l'abbé, je vous en saurai gré au-delà de la vie.

Après une vaine résistance le pauvre prêtre se laissa dépouiller, et se consola en pensant qu'il pouvait rentrer, sans être vu, par son jardin, qui était à la sortie de Valvert, à quelques pas de là. Robert lui fit un signe d'adieu, et disparut dans la verdure jaunissante du bois.

Quand il fut au sommet de la montagne, il se souvint de la mission du prêtre, et il se mit en tête, l'extravagant, d'aller consoler lui-même la femme qui allait mourir. C'était à une lieue de là; il entrevoyait le village dans les champs embrumés. Alerte et gai comme un lièvre au printemps, il descendit l'autre versant de la montagne, il traversa le vallon, et se trouva bientôt aux premières maisons de ce village. Il demanda à un homme qui fumait sur le devant de sa porte où était la malade. Le fumeur le conduisit en face de l'église, dans une jolie maison attristée par le voisinage du cimetière, mais toute parée de verdure ; de belles grappes de raisin pendaient à la façade sous de larges feuilles légèrement empourprées. Il est consolant de mourir ici, pensa Robert en entrant.

Il pâlit et chancela tout-à-coup en voyant la malade : c'était la femme qu'il avait vue pleurer à la fontaine de Soucy. La maladie l'avait horriblement ravagée : elle était livide et flétrie; ses regards bleus suivaient avec peine les ondulations d'une feuille de vigne qui se chauffait au soleil ; elle était veillée par une femme de son âge dont la sollicitude et la compassion touchaient tous les gens du village.

A la vue des habits de Robert la malade baissa les yeux et se recueillit.

— Voulez-vous me confesser? murmura-t-elle d'une voix éteinte.

Robert, ému et désolé, s'agenouilla involontairement devant le lit, et pria dans son âme. La malade joignit les mains et les appuya sur son cœur en penchant sa tête vers Robert sans songer à le regarder.

— Monsieur, lui dit-elle, l'amour fut le péché de toute ma vie; à cette heure terrible j'aime encore un homme qui est à une autre.

Robert, avide de savoir quelle était cette femme, la pria de poursuivre, en demandant à Dieu pardon de profaner son divin service.

La malade gardait le silence, et semblait oublier qu'elle fût devant un confesseur.

— Qu'est devenue votre vertu dans l'amour? dit Robert d'une voix altérée.

— Mon corps a triomphé, mais mon âme s'est laissée aller à des séductions sans nombre; mon corps est demeuré pur, mais mon âme s'est abreuvée à toutes les sources de la volupté, mon âme s'est perdue dans les ivresses de l'amour : plaignez-moi de n'avoir pu préserver mon âme qui reprendra le chemin du ciel, quand j'ai sauvé mon corps qui va retourner en terre.

— Vous êtes seule en ce monde? dit Robert avec angoisse — vous n'avez plus de mère, vous n'avez pas d'enfants?

A cette demande la malade leva les yeux avec surprise et passa sa main sur son front.

— Non, je n'ai pas d'enfant, et j'ai toujours regretté de n'en point avoir, car j'aime les enfants comme si j'étais leur mère à tous.
— Il en est un surtout, un bel enfant blond, qui a souvent rempli mon cœur; je vois toujours ses yeux bleus animant sa douce image.
— O mon Dieu, je vous demande encore: Pourquoi ai-je ainsi aimé cet enfant?

Robert saisit une main de la malade qui, le regardant soudain d'un œil égaré, s'écria tout éperdue : — Mon enfant! vous êtes mon enfant! c'est Dieu qui vous envoie à l'heure de ma mort.

— Ma mère ! oui, vous êtes ma mère ! dit Robert en étouffant sa voix sur le sein de la mourante.

C'était un noble et touchant tableau que la vue de cette mère et de cet enfant ; de cette pauvre femme qui croyait ne point être mère et qui croyait que Robert était son fils ; de cet extravagant, ivre d'amour une heure avant au lit de sa maîtresse, et mourant de joie et de douleur au lit de sa mère qui allait mourir. Malgré les tristesses et les solennités de cette scène, Robert, penchant toujours la tête sur le cœur ranimé de la mourante, ne put repousser les souvenirs du matin, il ne put s'empêcher de penser au bizarre enchaînement de toutes choses. Pour revoir sa mère il avait fallu qu'il dérobât le vêtement et qu'il profanât la sainte mission d'un prêtre ; il avait fallu qu'il aimât madame Desmasures et que M. Desmasures le surprît dans la chambre à coucher de sa femme.

Le chemin qui l'avait conduit à sa mère ressemblait autant au chemin du diable qu'au chemin de Dieu. Dans la vie humaine tout se touche, tout se confond; il y a de la douleur dans la joie comme il y a de la joie dans la douleur; nul sentiment ne se détache entièrement d'un autre, et partout où l'on voit le doigt de Dieu l'on voit aussi la griffe du diable.

La malade caressait Robert comme elle l'eût caressé dans son enfance; elle lui baisait les cheveux en le berçant mollement sur son sein; sa voix brisée ne murmurait que deux mots : — Mon enfant! mon Dieu! son âme en extase allait de son fils à Dieu, de Dieu à son fils.

Un éclair passa dans l'orage de sa pensée.

— Hélas! reprit-elle, le délire nous entraîne; vous ne pouvez être mon fils, puisque je ne suis pas mère; cependant il y a dans ma vie des choses à jamais cachées : j'ai de vagues souvenirs qui s'effacent quand je veux les saisir. — Dieu m'envoie d'étranges idées: chaque fois que je vous vois mon âme est en désordre — pourtant, je vous le répète, je ne suis pas votre mère.

— Vous n'êtes pas ma mère! s'écria Robert; — oh! madame, ne me dites pas cela.

Robert avait relevé la tête, et son regard humide se perdait dans les larmes de la malade.

— Vous êtes ma mère, dit-il tout exalté.

La mourante pressa silencieusement Robert dans ses bras.

— Je n'ai point d'enfant, dit-elle en sanglotant.

Et elle retomba épuisée sous cette secousse.

Toujours agenouillé devant le lit de la mourante, Robert se lamentait et se demandait quel intime mystère la couvrait depuis si long-temps, quand une grande ombre se dessina sur les dalles blanches.

Il tourna la tête, et vit avec un sentiment de surprise et d'effroi le prêtre de Valvert revêtu d'une légère soutanelle ; il s'en fut humblement à sa rencontre en essuyant ses larmes. Le prêtre le regarda avec plus de mépris que de dignité ; à la vue de ses larmes pourtant, il parut touché.

— Vous êtes bien coupable, monsieur, lui dit-il avec amertume, vous m'avez pris ma mission ; c'est un sacrilége, un vol épouvantable.

Robert frémit et se sentit faible devant le prêtre.

— Cette femme est peut-être ma mère, dit-il en baissant la tête.

— Sa mère ! pensa le prêtre en s'asseyant devant le lit ; — sa mère !

La malade rouvrit un œil éteint. Comme elle entrevoyait le prêtre, elle se souvint de Robert, et dans le délire elle s'écria encore en tendant ses bras : — Mon enfant ! mon enfant ! Robert, dont l'âme s'était refroidie à l'arrivée du prêtre, pensa alors que cette femme était folle ou délirante.

— Je ne puis être son enfant, puisqu'elle m'a dit qu'elle n'était pas ma mère; d'ailleurs, elle tend aussi les bras à ce prêtre qu'elle n'a jamais vu, elle l'appelle aussi son enfant; elle s'imagine sans doute que tous les enfants sont à elle. — La pauvre femme a perdu la tête, elle n'a plus que son cœur.

Le médecin survint alors.

— Est-elle morte? demanda-t-il à la garde qui balayait sur le devant de la maison

— Pas encore, monsieur.

— C'est bien étonnant.

Et le médecin s'approcha du lit presque mécontent après la mort, qui le trompait.

L'aventureux Robert sortit et s'en alla en priant le ciel de sauver la malade. — A moins, dit-il, ô mon Dieu! qu'on ne soit mieux dans le royaume du ciel que dans le royaume de France.

V

La vertu du chapeau à cornes.

Il suivit le grand chemin. Peu à peu sa tristesse s'effaça ; mais, comme l'orage qui laisse long-temps des traces, sa tristesse laissa dans son âme quelques nuages de mélancolie, de ces nuages dont les vagues métamorphoses sont autant de songes vivants, de pensées animées. — Insouciant dans sa soutane comme l'était dans sa souquenille monseigneur Gil Blas de Santillane, il errait sur les bords du chemin, cueillant des cornouilles et des mûres, admirant les grains bleus des pruniers sauvages, les grains rouges des églantiers, admirant aussi tous les caprices du paysage. Il pensait souvent à la mourante, il songeait toujours à Valvert. Il y avait à peine trois heures qu'il en était sorti, et déjà les souvenirs de ce village lui semblaient doux comme de vieux souvenirs dont l'amertume est balayée par le temps. Tout autre que Robert eût été revoir l'hôtesse pour lui dire adieu; mais il n'y pensa même pas; l'hôtesse, inépuisable d'amour et de bonté, lui eût glissé sa bourse comme par miracle; mais il se moquait de l'argent, même quand il n'en avait pas. Jusqu'alors il avait couru de par le monde pauvre comme un poëte du temps passé; il n'était pas mort de faim ni de froid. Il croyait en Dieu, car Dieu l'avait conduit à l'auberge de Valvert un jour qu'il mourait de faim ; Dieu lui avait ouvert le cœur d'une femme un jour qu'il se mourait d'amour ; Dieu l'avait aidé à dérober la soutane d'un prêtre qui en possédait une autre, un jour qu'il se mourait de froid. Robert était un peu optimiste; il trouvait tout à son gré, même les femmes de son prochain. Mademoiselle Léocadie, d'amoureuse mémoire, lui avait souvent dit que les hommes étaient faits pour les femmes; il avait renversé cet aphorisme féminin à propos de madame Desmasures. Au jour du jugement, Dieu lui pardonnera, car il ignorait ses commandements.

Tout en cueillant des mûres et des cornouilles, il lui vint parmi ses souvenirs de Valvert une religieuse extase, un vague amour du ciel comme il en vient souvent aux âmes ardentes de seize ans. Il s'assit sur le bord verdoyant du chemin et s'abandonna pieusement à la plus mystique des rêveries.

— Oh! oh! dit-il quand le nuage se fut un peu dissipé, est-ce un appel de Dieu? suis-je envoyé dans ce monde pour le servir?

Robert se mit à réfléchir profondément.

— J'aime Dieu par instinct, reprit-il; je serais un grand fou de l'aimer par état, car alors je ne l'aimerais plus de tout mon cœur mais de toutes mes forces; les hommes sont nés religieux comme les hommes sont nés poëtes; il est aussi désolant de vendre à l'État son adoration que de vendre au libraire les pensées qui murmurent dans l'âme. — Mais d'où me vient donc cet étrange désir de sacrifier ma vie à Dieu au lieu de la sacrifier à mon plaisir? Eh! par le ciel! ce désir s'est animé sous cette soutane et sous ce chapeau à cornes; ces habits sont tout parfumés de myrrhe et d'encens; les idées et les sentiments de M. l'abbé ont suivi son chapeau à cornes et sa soutane.

Tudieu! je sais tout ce que savait M. l'abbé ; je me sens capable de dire la messe et de prêcher en chaire. C'est une merveilleuse trouvaille que ces habits ; ils me purifieront, ils repousseront loin de moi les mauvaises idées, ils me conduiront tout droit au ciel. — Je défie le diable d'approcher maintenant ; — me voilà assuré contre la tentation.

Voilà d'où me vient ce désir étrange, à moins que ce ne soit du diable, qui, ne me voyant bon à rien, s'amuse à me faire un mauvais serviteur de Dieu ; le diable est bien capable de cette vengeance-là.

Robert, tout réjoui de cette saillie voltairienne, poursuivit son chemin en pensant qu'il ne lui serait pas superflu de rencontrer un auberge. Il s'arrêta bientôt à l'embranchement de deux chemins; l'un s'en allait tout droit, prosaïquement, sans détourner la tête, comme un notaire qui va faire un testament et qui craint de perdre un acte en arrivant trop tard; l'autre s'en allait à l'aventure comme Robert; il se perdait dans les bocages, se détournait pour voir le soleil, pour se baigner au prochain ruisseau, pour rencontrer un troupeau qui bondit, une vache qui déjeune, un pâtre qui chante, un enfant qui va lentement à l'école, un garde-champêtre qui ne va guère plus vite, une fermière pimpante qui va vendre ses œufs, une paysanne qui coupe de l'herbe au coin d'un bois. — Puis il poursuivait toujours sans savoir où il allait, traversant des bancs de sable, des draperies de verdure. — C'était le poëte qui va à la chasse aux idées, l'amant qui suit l'image errante de sa maîtresse. On devine que Robert, qui se souciait plus de voyager que d'arriver au but, délaissa le chemin du notaire pour celui du poëte et de l'amant. Robert était plein de poésie et d'amour; il n'était déjà plus, il n'avait jamais été clerc de notaire, car en sortant de l'étude de M. Desmasures il y laissait toujours le mauvais français, les lois grotesques — toutes les choses bouffonnes qu'il y avait apprises ; il n'avait pas eu besoin d'apprendre la poésie et l'amour pour être amant et poëte. Les grandes choses, les belles choses ne s'apprennent pas, car les belles et grandes choses viennent de Dieu. Les hommes n'enseignent que des choses laides et petites : la géographie qui rapetisse le monde, l'histoire qui l'enlaidit.

Robert suivait donc le beau chemin, souriant du passé, souriant du présent, souriant à l'avenir qu'il ne voyait pas. Oh! la belle vie que celle qu'on devine encore, qu'on entrevoit à peine; la vie errante et vagabonde comme la source qui jaillit de la montagne, qui traverse la vallée en réfléchissant le ciel bleu, les nuages blancs, les arbres verts, en caressant les grandes herbes et les grandes fleurs, aux chansons charmantes des vents et des oiseaux. Oh! la belle vie que celle dont on soulève à peine le voile; c'est une ardente maîtresse assise à vos côtés qui ne laisse entrevoir qu'un bout de son pied; peu à peu l'amour défait un gant, mais la coquette garde l'autre; l'amour irrité s'en prend à la gorge, une agrafe s'échappe par miracle; — n'allez pas si vite avec la vie qu'avec votre maîtresse, car s'il est permis de se lasser de sa maîtresse, il n'est point permis de se lasser de la vie; aimez-la toujours et ne vous avisez jamais de la regarder dans sa nudité; laissez-lui sa belle robe à paillettes, ne fanez pas les roses de sa gorge, ne dégrafez son corsage que dans vos sublimes élans, ne détachez sa jarretière que dans vos grandes frénésies.

C'est une triste chose de savoir sa vie à venir; la belle avance, le joyeux espoir de pouvoir se dire : dans vingt ans je serai soldat, et je couperai la gorge aux Prussiens pour le bon plaisir du roi de France ou du roi des Français; je serai notaire, et je ferai des testaments, des inventaires; je serai médecin, et j'apprendrai comment on peut sauver sa vie en assassinant des malades qui ne m'auront pas fait de mal; je serai un pauvre diable de prêtre, je dirai la messe sans savoir ce que je dirai, et je bénirai la mort de m'envoyer des enterrements. Quand on a ainsi dessiné son chemin, quand on en a vu d'avance la forme et la couleur, c'est bien la peine d'aller jusqu'au bout; j'aimerais autant me promener sur une grande route; heureusement pour ceux qui ont un but que la fortune a des caprices, et qu'elle s'amuse souvent à déjouer une espérance qui aurait fini par les désespérer.

Robert se gardait bien de dessiner sa vie à venir et de vivre par imitation; l'exemple lui semblait un ridicule qui ne pouvait servir qu'aux faibles; il avait horreur des systèmes; il trouvait que la vie des utopistes ressemblait à la chèvre attachée dans une prairie, qui se démène, qui court sans cesse, et qui se retrouve toujours au même lieu, ou à la danseuse qui s'élance, qui bondit, qui voltige, sans jamais avancer.

VI

Robert rencontre deux pêches dans les mains d'un poëte élégiaque.

Robert, qui avançait dans son chemin en suivant de l'œil les fantaisies des nues, les jeux des paysages, en prêtant l'oreille aux rumeurs champêtres, aux chansons de la vallée, finit par rencontrer une auberge qui ouvrait humblement sa porte aux passants;

au-dessus de la porte un bouquet de gui qui s'était fait tout seul sur un arbre du verger, servait d'enseigne à l'auberge. Robert entra le plus religieusement du monde et demanda à déjeuner à une petite vieille toute rubiconde qui lui fit un profond salut et qui s'empressa d'offrir ce qu'elle avait et ce qu'elle n'avait pas. Robert, du reste, tombait à merveille; c'était le lendemain d'une fête au village voisin, et l'auberge offrait çà et là avec une souriante complaisance un débris de volaille et de gâteau. Robert arrosa ces débris d'un claret émoustillant, et déjeuna comme un parasite d'outre-Rhin.

Quand il eut fini, il se ressouvint qu'il n'avait pas d'argent. — Comment sortir sans payer? pensait-il en regardant de travers la petite vieille qui s'achetait déjà un colifichet avec l'écot de son hôte. — Baste! dit-il tout-à-coup, on peut toujours sortir quand on est entré. — Et déjà il jetait sa serviette quand un mendiant vint s'incliner sur le seuil de la porte en récitant les litanies d'un ton lamentable. L'hôtesse ferma l'oreille à ses prières, mais Robert eut pitié de sa mine funèbrement affamée; il lui fit signe d'approcher et de s'asseoir à sa table. Le mendiant confus déposa son cornouiller contre le lavoir et vint s'asseoir en face de Robert qui lui fit servir d'autres débris du festin de la veille.

— Mangez, buvez, et priez pour vous, lui dit-il en se levant.

Puis il s'en fut vers la petite vieille, et lui dit : — Je suis le curé de Valvert : quand vous passerez en ce village, entrez au presbytère.

L'hôtesse fit une humble révérence, et Robert sortit.

— Il faut être bien méchant pour médire de ces gens-là, marmotta le mendiant, qui dévorait une carcasse de dinde.

— Est-ce qu'on médit jamais du diable?

dit l'hôtesse, quelque peu surprise de la distraction de son hôte.

Robert suivit son beau chemin jusqu'au soir; il avait franchi l'espace de sept lieues sans être plus las qu'il ne l'était après une promenade. La jeunesse a des bottes de sept lieues, et les champs de la Normandie sont de grands jardins anglais ou chinois : les rivières se changent en ruisseaux, les sources en fontaines, les bois en bocages, et le chemin de Robert lui semblait le sentier perdu d'une belle solitude.

Au coucher du soleil, il découvrit quelques cheminées au-dessus d'un rideau de chênes; il pensa qu'il trouverait là un gîte pour la nuit, et se reposa sous une haie pour admirer tout à son aise le feu ardent de l'horizon. Il était là, regardant tomber la nuit, écoutant les bruits silencieux, quand vint à passer l'écolier malencontreux dont le madrigal et la couronne avaient tant amusé les spectateurs de sa petite ville. L'écolier avait en ses mains deux belles pêches qu'il avait dérobées au verger de la petite vieille. Maître Robert, par l'odeur alléché, lui tint à peu près ce langage : — Eh bonjour, monsieur le poëte; que vous êtes joli! que vous me semblez beau! Sans mentir, si votre ramage se rapporte à votre plumage, vous êtes le phénix des hôtes de ces bois

A ces mots, le poëte passa outre, plus soucieux de garder ses pêches que de montrer sa belle voix.

Robert lui fit signe de s'arrêter. — Je vais vous parler en prose, monsieur le poëte : vous avez fait autrefois un charmant madrigal?

Le poëte s'arrêta et regarda Robert avec un air de doute; — non pas que le poëte doutât de la beauté de ses vers, mais il doutait que Robert les eût lus.

— J'ai surtout admiré dans votre madrigal, reprit Robert, une blancheur de *lis* rimant avec *Philis*, une voix de *Philomèle* rimant avec.....

— Avec *tourterelle!* s'écria le poëte, heureux de rencontrer un ami dans le désert de ce monde, un homme qui se souvînt un peu de ses vers. Mais il retomba bientôt du ciel, car Robert, voyant que dans sa joie il oubliait de lui donner une de ses pêches, lui dit en souriant : — Vous avez là deux charmantes pêches !

— Ah ! pensa le poëte, ce n'était point à mes vers qu'il en voulait !

Il offrit une pêche à Robert avec désenchantement, et jura, mais un peu tard, qu'on ne l'y prendrait plus.

— Où allez-vous? lui demanda Robert.

— Je me suis enfui ce matin de la maison paternelle, où j'étais battu pour mes élégies, de belles élégies ! Je suis né de parents riches, mais honnêtes; ils voulaient que je fusse avocat pour défendre l'innocence qu'on opprime, la vertu qu'on sacrifie; mais, je vous le demande, où est la vertu? où est l'innocence? Et d'ailleurs, s'il est encore des innocents et des vertueux, martyrs de l'injustice humaine, il y a toujours au ciel un avocat qui plaide mieux dans le cœur des juges que les avocats de ce monde. — Cet avocat est un Dieu, les autres sont des hommes.

— Oh! oh! s'écria Robert, pour un fils en rébellion envers la paternité, vous me paraissez un terrible moraliste.

— C'est une faiblesse de poëte.

— C'est plutôt parce que vous avez dérobé la bourse de votre mère : la morale a beaucoup d'attrait pour ceux qui l'ont perdue. M. de Cartouche, d'amusante mémoire, fit empoisonner un de ses amis qui avait profané une jeune vicomtesse, pendant qu'il en pourchassait la mère.

— Il n'est que trop vrai, murmura le poëte d'un air piteux, je suis coupable d'un vol qui m'effraie sans cesse : le fermier de mon père m'a remis hier vingt-cinq pistoles que j'ai gardées entre mes mains.

— Une belle chose! s'écria Robert; ce n'est pas la peine de s'effrayer, car ce n'est pas un vol, mais un oubli. — La rosée grimpe sur l'herbe; nous serions mieux au cabaret que dans les champs. Voici là-bas une cheminée qui fume, allons de ce côté, en devisant comme de vieux amis.

Robert et Gérard s'acheminèrent vers le village voisin, où ils trouvèrent des œufs, de la salade et un mauvais lit.

VII

Robert cherche l'amour.

— L'amitié est une belle chose, dit Robert le lendemain, quand Gérard eut payé le gîte et le souper.

Les deux amis se remirent en route, alertes et joyeux comme des écoliers. Robert consola Gérard de la dépense qu'il avait faite, en se récriant contre les vanités humaines.

— Toutes les richesses de ce monde sont méprisables, disait-il en songeant à la bourse du poëte ; Cyrus fut un grand philosophe, quand il fit cette épitaphe sublime, où il supplie le passant de ne pas envier le peu de terre qui couvre la pauvre cendre du plus grand roi du monde.

— Ah! reprit-il en abattant du pied les huppes des chardons qui bordaient insolemment le chemin, que ne sommes-nous venus dans le beau temps des voleurs et des courtisanes! la vie était belle alors ; c'était un roman plein d'aventures. Qu'est-ce que la vie aujourd'hui ? — un livre endormant dont chaque page renferme une sentence. Les bandits étaient pendus pour prix de leurs amusements, hélas! nous mourrons pour prix de nos ennuis.

— Mais il me semble, dit le poëte, que votre existence n'est pas mal aventureuse.

— Le passé fut charmant, reprit Robert ; mais l'avenir ! — à moins que je ne m'amuse à dérober les femmes de mon prochain ; ce ne serait pas un si grand malheur ; il y a beaucoup de maris qui ne s'en plaindraient pas, et toutes les femmes en seraient charmées. — Voulez-vous être de la partie ? vous serez le poëte et moi l'amant ; vous serez le galant poudré du dernier siècle, je serai le cavalier superbe des histoires espagnoles. — Vous n'êtes pas séduit par cette offre ?

— A quelles femmes en voulez-vous ?

— Aux belles et aux riches ! Au diable la laideur et les haillons.

— Il est aussi malaisé de prendre ces femmes-là que les perles au fond de la mer.

— C'est une vieille erreur ; j'en veux séduire vingt à la fois ; vous verrez plutôt à la ville prochaine.

A la ville prochaine Robert vendit la défroque du prêtre, et, grâce à un léger emprunt fait à la bourse du poëte, il se revêtit d'un costume plus mondain. Le soir, après avoir vainement passé et repassé sous les fenêtres les plus élégantes, désespéré de ne pas entrevoir une seule tête de femme, il s'en alla avec le poëte à la salle où dansaient les galants et les couturières de la ville; là quelques jeunes filles s'affolèrent de lui, pendant que Gérard rêvait funèbrement dans un coin; mais c'était un étranger qui ne pouvait penser à les épouser, tandis qu'il y avait devant elles des amants qui n'attendaient qu'un mot pour offrir leurs noms, et les demoiselles fermaient l'oreille aux beaux discours du trompeur. Nul de ces amants n'était beau comme Robert; mais les femmes qui pensent à l'hymen ne songent guère à l'amour.

— Ah! dit Robert au poëte quand il devina la cause des résistances, la poésie et l'amour se sont envolées du monde; autrefois les jeunes filles ne rêvaient qu'à l'amour, aujourd'hui elles ne pensent qu'à l'hymen; autrefois elles s'abandonnaient aux élans du cœur, aujourd'hui elles suivent les raisonnements de la tête. Il n'y a plus de candeur dans l'amour, et peut-être traverserai-je la France sans rencontrer une seule fille capable de jeter follement sa vertu pour avoir le plaisir de la perdre et d'enivrer son amant. Le beau temps est à jamais passé.

VIII

Divagations.

Les deux amis s'acheminèrent vers Paris où Robert espérait trouver plus d'aventures, où Gérard espérait grimper au mât de cocagne de la poésie. Robert bondissait sur les marges vertes des chemins; Gérard, plus calme, s'avançait en silence, rêvant à ses élégies et aux rayonnements de sa gloire prochaine.

— Le monde de ton âme doit être bien lugubre, dit un jour Robert à Gérard; ce monde-là est tout panaché de mots poétiques; l'âme des poëtes est un dictionnaire de rimes que les malheureux passent leur vie à cueillir, pendant que nous cueillons des fleurs, nous autres enfants déshérités des Muses; les mots glissent entre leurs doigts comme les grains d'un chapelet entre les mains d'un dévot; — le beau plaisir! — encore s'ils avaient des idées!

— Mais nous avons des idées, dit Gérard.

— Des idées! où les trouvez vous donc, vos idées?

— Les idées voltigent dans le ciel; quand elles rencontrent l'âme d'un poëte, elles s'y jettent comme des oiselets dans leur nid : le poëte les entend deviser, et sa voix n'est que l'écho de leurs bavardages.

— Mais si les idées ne passent pas?

— Quand il arrive que le poëte ne rencontre pas d'idées sur son chemin, il a un moyen de les attirer : il range quelques mots en bataille; les mots en attirent d'autres; le nom attire l'adjectif, l'adjectif le verbe; plusieurs mots ensemble forment une idée. Exemple : Je pense au mot bleu; ce mot me fait penser au ciel, aux yeux d'une femme, et je dis : — Le ciel est bleu; j'aime son œil bleu.

— En effet, dit Robert, voilà leurs idées.

— Donc, reprit Gérard, je range des mots en bataille comme

Amoureuse
Langoureuse
. . . .
Lisa
Baisa
. . . .
Galante
Nonchalante
. . . .

Nuit
Bruit
. . . . . .
Robe
Globe
. . . . .

Or, ces mots sont les sources de la plus belle élégie : en voici une preuve.

— A te parler franchement, dit Robert, qui songeait que la bourse du poëte allait perdre sa dernière pistole, je suis un peu las de tes élégies; j'aimerais mieux une chanson.

Robert ne se fût point avisé d'être aussi franc quand le poëte était riche.

— Eh bien! va pour une chanson! dit Gérard. Avec des mots comme ceux-là, je vais dignement m'inspirer — *Lisa*, *amoureuse*, *robe*, *nuit*. — Mais, vraiment, je pressens une chanson galante — *robe*, *globe*, *nuit*.

— Voyons donc : ce sera la *nuit;* l'héroïne sera *Lisa;* ma main chiffonnera sa *robe;*

ma bouche — c'est cela : ma bouche *amoureuse*. — Je vais faire un petit chef-d'œuvre.

Robert laissa Gérard rêver seul à sa chanson, et poursuivit une paysanne qui chassait un âne vers le village voisin ; il l'atteignit au coin d'un bois, et ce fut une autre chanson. J'ignore si ce fut aussi un petit chef-d'œuvre, mais Robert eut plus tôt fini que Gérard, et quand il revint vers le poëte, la chanson galante n'avait encore qu'un couplet.

— Je rayonne d'inspiration, mon âme m'enlève sur ses blanches ailes ! s'écria Gérard en revoyant Robert ; — j'ai fait le plus joli couplet du monde !

— Je t'écoute.

Le poëte chanta d'une voix allanguie, comme il eût fait d'une romance élégiaque :

Quand ma bouche amoureuse
Baisa

La blanche et langoureuse
Lisa,
Ma main toujours galante
Cherchait
Ce que la nonchalante
Cachait.

Robert applaudit.

— Pendant que tu baisais imaginairement la bouche de ton héroïne, dit-il à Gérard, je cueillais des roses sur les joues de cette paysanne que nous voyons encore là-bas, parmi les grands ormes. — Quel est le plus grand poëte de nous deux, de toi, qui es poëte par tes vers, ou de moi, qui suis poëte en action? La monomanie de faire des vers est une infirmité; vous chantez tous les plaisirs que vous ne goûtez pas; nous vous laissons chanter sans jalousie, nous autres, qui sommes les pachas de la vie — vous n'en êtes que les eunuques : vous la voyez, vous ne la touchez pas.

Gérard n'écoutait pas Robert; il pensait

au mot *robe* pour s'inspirer au second couplet.

Nos deux poëtes passèrent alors devant le château de Cœuvres. Tous les habitants du village étaient attroupés sous la porte gothique, qui est couverte de vers charbonnés en l'honneur de Henri IV et de Gabrielle d'Estrées ; Robert et Gérard se mêlèrent à la foule qui entourait un notaire.

Ledit notaire vendait le château à la criée :
— Le château de Cœuvres, Messieurs ; c'est un beau souvenir. — Le jardin est couvert d'arbres à fruits. — Henri IV s'y promenait avec Gabrielle. — De belles dépendances, ma foi! le jardinier a vendu ces jours derniers plus de vingt paniers de poires. —
— C'est le berceau des cinq plus beaux enfants de Henri IV.—Voyez là-bas ces grappes de raisin. — Je sais qu'il faut y dépenser quelque argent; le jardin a la mine d'une prairie, tant les fleurs et les allées sont cachées sous l'herbe; mais c'est le châ-

teau de Cœuvres. — Voltaire a chanté le château de Cœuvres dans *la Henriade.* — Les Chinois connaissent le château de Cœuvres.

Robert était fort alléché ; il songeait au malheur de ne pas avoir d'argent. — Gérard ne songeait qu'à sa chanson.

— Voyons, messieurs, reprit le notaire : ce château est la gloire de votre village; un jour les étrangers viendront s'agenouiller sur ses ruines pour rêver au beau règne du roi *qui fut de ses sujets et le vainqueur et le père.*

Gérard, entendant une syllabe de trop au vers de Voltaire, fut distrait de sa chanson, et s'empressa de venger la gloire outragée du poëte, en répétant le vers sans l'altérer.

— Monsieur le notaire, poursuivit-il froidement, les vers de Voltaire sont bien assez grands comme cela.

Le tabellion sourit indolemment et reprit la parole : — Messieurs, ne laissez point passer le château de Cœuvres en des mains étrangères ; je me trouve bien malheureux d'avoir une maison que je paie onze mille francs quand la mise à prix du château de Cœuvres n'est que de cinq mille francs ; — hélas ! il y a pour dix mille francs de pierres.

— Cinq mille francs ! s'écria Gérard ; pour cinq mille francs, un paysan deviendrait châtelain de Cœuvres. — Si j'étais roi des Français, ce contre-sens n'arriverait pas ; je donnerais pour récompense ledit château à un soldat ou à un poëte.

Un étranger qui visitait les dépendances survint alors et mit vingt-cinq francs.

Après avoir vainement sollicité les curieux, le notaire adjugea à l'étranger.

Tout n'était pas fini : ce n'était point assez de vendre en 1830 un château ducal moyennant cinq mille vingt-cinq francs, il fallait donner un dernier soufflet à la noblesse ; le notaire déploya et mit à prix le titre en parchemin du marquisat de Cœuvres, où deux mains royales avaient écrit leur nom : — Henri IV et Louis XIII.

— Qui veut de ce titre? cria le notaire.

Et, pensant que le parchemin avait quelque valeur, il fut assez hardi pour mettre cinq francs.

Par raillerie, un paysan mit cinquante centimes.

— Donne-moi ta bourse, dit Robert à Gérard.

— Je n'ai plus qu'une pistole, murmura le poëte.

Robert saisit la bourse dans les mains de Gérard, et la jetant sur la table du notaire : — A moi le titre, s'écria-t-il.

Nul ne songea à disputer le parchemin à Robert.

— Au moins, pensait-il, ces gens-là ne profaneront pas ce royal souvenir. — Et puis

me voilà marquis de Cœuvres. — Marquis,
c'est agréable, surtout quand on n'a pas de
nom de famille.

IX

Suite de la chanson galante.

Mes aventuriers se remirent en route ; Robert ne cessait de dire : Je suis marquis de Cœuvres, me voilà marquis de Cœuvres. Gérard s'avisa de réclamer ce titre en s'appuyant de cette raison qu'il avait payé le parchemin de son argent; mais cette raison fut repoussée par Robert, qui voulut bien lui devoir une pistole, mais qui prétendit avoir acheté lui-même et en son nom le marquisat. Le poëte se consola au souvenir de sa chanson galante qui lui semblait un trésor plus immortel que le parchemin.

Robert se pavanait sur la route et demandait à chaque instant à Gérard s'il avait la mine d'un marquis; le poëte, tout à sa chanson, ne répondait que par des rimes; avant le soir il fut presque au bout du second couplet :

> Ma main, de globe en globe,
>   Volait ;
> La pudeur sous la robe
>   Tremblait ;
> Sur le sentier la belle
>   Glissant,
> Fit encor la rebelle,
>   . . . . .

Le pauvre poëte chercha vainement le

dernier vers pendant toute la soirée ; il se résigna à s'en passer et se mit au dernier couplet.

Les deux amis s'arrêtèrent, à la sortie d'un petit bourg, dans un mauvais cabaret, sans songer qu'ils n'avaient plus d'argent.

Au milieu de la nuit Gérard éveilla tout-à-coup Robert.

— Robert ! dit-il sourdement.

Robert ouvrit les yeux avec terreur, en s'imaginant que le cabaretier était devant leur lit armé d'un coutelas, tant étaient sombres les paroles du poëte.

— Robert, reprit Gérard, j'ai fini ma chanson.

— Que Satan te possède ! s'écria Robert avec fureur.

— Voici le dernier couplet, poursuivit le poëte avec enthousiasme.

Sa défense fut vaine ;
La nuit

S'étendait sur la plaine
 Sans bruit;
L'Amour, de sa puissance,
 M'aida,
Et bientôt l'Innocence
 Céda.

— C'était bien la peine de m'éveiller si sottement, dit Robert; — les poëtes sont à plaindre de passer tant de temps pour si peu de chose; pendant que tu as trouvé cette mauvaise chanson, vingt beaux poëmes ont déroulé leurs pages d'or dans mon cœur.

Gérard passa vainement le reste de la nuit à chercher le dernier vers du second couplet de sa chanson galante; — deux ans après il cherchait encore.

— Hélas! disait-il souvent d'un air désolé, Dieu n'a pas permis à l'homme de faire une chose complète.

— Dieu lui-même, poursuivait Robert, a fait une œuvre incomplète en créant le beau poëme de l'univers.

— Ah! s'écriait Gérard, je suis sûr que ce poëme-là était plus beau dans la pensée de Dieu qui n'aura pu trouver de forme assez parfaite pour la revêtir; — ainsi, nous autres ne sommes-nous pas des détails négligés du poëme?

Quand la nuit fut passée, nos deux amis songèrent qu'il fallait payer leur gîte et leur mauvais souper de la veille ; Robert n'avait plus à son secours la soutane et le chapeau à cornes du prêtre de Valvert, et vainement il cherchait un moyen de sortir de là. Gérard, plus insoucieux encore que ne l'était Robert, se mit à soupirer avec mélancolie une élégie sur le pays natal, au grand dépit de Robert qui l'envoyait à toutes les muses. Enfin le comédien dit avec joie au poëte que leur planche de salut pour aborder la terre promise, c'est-à-dire la porte du cabaret, était tout simplement de se faire chasser.

— Et comment nous faire chasser ? demanda Gérard.

— Tu réciteras une élégie au cabaretier, il n'en faudra pas davantage ; — ou plutôt nous nous battrons comme des Allemands.

Tous deux descendirent dans la salle en se chamaillant avec beaucoup d'ardeur. Le cabaretier et sa femme essayèrent vainement de calmer leur colère ; ils demeurèrent inflexibles l'un pour l'autre en criant que leur rage ne pouvait s'éteindre que dans le sang ; et pour donner plus de caractère à leurs guerroyantes paroles, ils saisirent chacun une bouteille sur la cheminée. Le cabaretier n'osant intervenir et craignant qu'ils ne brisassent quelque chose, les pria d'aller se battre dans la rue; ce qu'ils firent avec un grand plaisir. Il les suivit du regard, et les voyant s'éloigner un peu trop loin pour des gens qui n'avaient pas payé leur écot, il leur demanda où ils allaient.

— Nous allons nous battre plus loin, répondit Robert, car nous voulons respecter l'honneur et les vitres de votre maison.

Mais voyant que le cabaretier n'était plus dupe de leur jeu, il dit à Gérard de prendre la fuite, et le poursuivit en criant avec fureur afin de sauver au moins les apparences de cette mauvaise gasconnade renouvelée des Grecs.

Une fois hors du bourg, mes héros se reposèrent en songeant qu'ils n'en étaient pas plus riches pour avoir échappé aux griffes du cabaretier; ils avisèrent au moyen d'avoir de l'argent. Malheureusement pour le diable, qui les tenait déjà par plus d'un cheveu, Gérard se souvint que, non loin du pays où ils se trouvaient, une de ses vieilles tantes vivait dans l'amour de Dieu; il eut recours à elle, — et grâce aux vieux écus de la sainte femme, les deux amis poursuivirent leur route sans événements malencontreux.

Les écoliers! ils allaient, l'un épanoui dans la joie, l'autre voilé de mélancolie. Quand une femme passait sur leur chemin, Gérard se détournait en silence et contemplait avec de langoureux frémissements la vigne s'enlaçant à l'échalas, le lilas grimpant à l'églantier. Loin de se détourner, Robert s'en allait vers la femme qui passait, en lui disant quelque joyeuseté. Quand Robert essayait d'amuser le poëte par ses contes grotesques, il perdait son temps et parlait à son ombre, car Gérard, qui l'écoutait sans l'entendre, était toujours plongé dans les ténèbres de l'élégie. — L'infortuné chantait déjà les infidélités d'une maîtresse à venir : — *Philis, belle Philis, ne soyez plus volage.* —

Un beau matin ils arrivèrent à Paris. — Je ne m'aviserai pas de vous raconter les aventures de Robert en ce pays étrange ; c'est un labeur qui m'effraie ; d'ailleurs, ne savez-vous pas ses aventures ?

Il eut des bonnes fortunes singulières ; il fit la conquête d'une marquise surannée qui voulait rafraîchir ses lèvres au souffle de son amour ; il fut l'éternel amant du lendemain de la charmante Virginie —; il séduisit une myriade de vertus pareilles à mademoiselle Léocadie. — Voilà ses aventures galantes.

Gérard soupirait sans cesse après une femme ossianique et après un libraire qui voulût de ses élégies. Hélas ! il n'y avait plus de libraires élégiaques ni de femmes ossianiques. Grâce aux pistoles que sa mère lui envoyait à l'insu de la paternité qui les donnait, il passait son temps le plus nonchalamment du monde, soupirant des élégies à tous propos. Il n'en était pas ainsi de Robert, qui n'avait jamais rien eu de sa mère. En arrivant à Paris, le pauvre marquis de Cœuvres s'était mis à la tête d'un journal littéraire qui avait trois abonnés, à savoir — le roi, la reine, Gérard. Le journal succomba malgré ce prodigieux succès, et grâce à cette chute, où Robert trouva des bénéfices, il fondit une entreprise gigantesque qui eut un succès infini. C'est un secret que je confie aux lecteurs de ce roman pour les récompenser; j'espère qu'ils n'en diront rien. — Voici : — Le pivot de l'entreprise était un ballon immense destiné à faire la contrebande. Ce ballon, lancé de Malines à diverses reprises, en rapporta en France des montagnes de dentelles. Robert se trouva tout d'un coup le maître d'une grande fortune; mais le gouvernement découvrit le secret de cette fortune, et Robert fut dépouillé et emprisonné. Il passa un an sous les verroux, après quoi il eut recours à son génie pour rattraper la fortune; mais il tomba entre les mains d'un industriel, qui se servit de ses idées et qui finit par le jeter à la porte. — De là il fut accroché par un homme usé, dont la pensée aride se retrempa dans sa sève. — Enfin, il perdit ou dépensa follement toute son ardeur et tout son génie au service des autres : — il fut sacrifié. Tout le monde s'arracha ses pensées et le repoussa; chacun voulut avoir un peu de la toison du pauvre agneau égaré, chacun fut pour lui un buisson d'épines; il fut dépouillé dans le monde comme dans un grand chemin ; et pendant qu'on le dépouillait de ses idées et de son temps, il perdait, l'infortuné, sa candeur et ses espérances — de sorte que bientôt il ne lui resta rien.

Il se révolta et pensa à se venger de tous ces hommes impurs qui l'avaient sacrifié à leurs mauvais penchants, à leur soif de richesses; il se vengea, et sa vengeance fut une moquerie amère qui ne fit que les amuser.

Il commença dignement par se faire marchand d'eaux minérales puisées à la Seine. Pour en vendre beaucoup il usa d'un ingénieux stratagème qui fut encore une satire. Il eut deux dépôts : l'un, qui était le dépôt des eaux de Bagnères, fut dirigé par M. Leblanc; l'autre, qui était le dépôt des eaux de Vichy, fut dirigé par M. Lebrun. Ce M. Leblanc et M. Lebrun étaient tout simplement des êtres fabuleux inventés par Robert, qui les attaqua violemment dans les journaux. Exemple : Gazette de France, 1ᵉʳ mars 183—

« M. Leblanc n'est qu'un charlatan ; je
» certifie que toutes ses eaux minérales sont
» falsifiées, *hormis celles de Bagnères.*

» LEBRUN,
» dépositaire des eaux de Vichy. »

Et le lendemain M. Leblanc répondait à M. Lebrun :

« Vous en êtes un autre, monsieur, et je
» déclare que vous puisez dans la Seine
» toutes vos eaux minérales, *hormis celles*
» *de Vichy*.

» Leblanc,

» dépositaire des eaux de Bagnères. »

Et tout le monde accourait avec foi aux deux dépôts ; si on n'eût découvert la supercherie, la Seine en eût desséché.

Robert n'avait nullement songé à garder son argent ; afin que la moquerie fût plus complète, il le dépensait follement à acheter des consciences et des vertus ; à peine avait-on parlé devant lui de la vertu d'une comédienne ou de la conscience d'un avocat, qu'il s'empressait d'abattre cette renommée à coups d'argent. Et que de consciences et que de vertus succombèrent ainsi !

A force de jeter son argent par la fenêtre

un matin il trouva sa bourse vide; et pensant que c'était dignement poursuivre sa satire vengeresse que de faire des dettes, il fit des dettes.

Et pendant toutes ces choses Gérard soupirait des élégies. L'infortuné poëte avait fondé un journal en vers : — *Le Saule pleureur* — qui n'avait que trois abonnés, à savoir : — le roi, la reine, Robert. Il commençait à désespérer de la poésie en France, et surtout de l'élégie, ses amours.

XI

Toutes les femmes tombent malades en l'honneur de Robert.

Robert, las de faire des dettes, se mit un jour en tête de faire autre chose ; c'était au beau temps de la médecine homéopathique; toutes les femmes tombaient soudainement malades en l'honneur de la nouvelle médecine. La maladie est une charmante distraction pour les belles dames qui s'amusent à déployer mille coquetteries inconnues pendant une migraine. Quand un ami vient jusqu'en la chambre à coucher, la malade se permet de prendre pour lui sa voix languissante qu'elle ne prodigue jamais ; en tendant la main elle dévoile son épaule qui apparaît blanche comme un lys sous le reflet du jour, dans l'ombre des rideaux ; ses yeux ont des regards ravissants, des regards qui s'éveillent, des regards qui s'endorment, des regards de feu, des regards humides; tout est permis à la malade, et d'ailleurs la malade se permet tout. Quand elle est seule elle éveille ses souvenirs, elle appelle ses rêves, elle s'égare dans les châteaux et dans les vallées de son âme; elle contemple le ciel et songe à l'amour, elle voit ses rideaux et frémit de volupté; ses souvenirs et ses rêves sont plus doux à travers les nuages de la maladie; — le ciel est plus bleu, les arbres sont plus verts ; — c'est un prisonnier qui a tout perdu, mais qui s'endort dans l'espérance de tout retrouver à son réveil.

Après avoir pendant quelques jours étudié avec profondeur la science homéopathique, Robert se fit médecin en pensant toujours à sa vengeance et à sa satire.

Il eut bientôt un immense succès parmi les femmes. — Ah! ma chère, disait madame d'O. à madame la vicomtesse de T., M. Robert de Soucy est un médecin charmant; il a des yeux bleuâtres qui vous font mourir; il est venu me voir la semaine passée et j'étais bien plus malade à son départ qu'à son arrivée. Là-dessus madame la vicomtesse de T. imaginait une migraine et se couchait. Robert arrivait bientôt, et quand il s'en allait la malade imaginaire était toute palpitante — et le lendemain elle disait partout que M. Robert de Soucy l'avait merveilleusement préservée de la mort. Il n'en fallait pas davantage pour faire de Robert un homme colossal, un magicien, un génie, un demi-Dieu, et plus que tout cela un médecin charmant, la coqueluche de toutes les jolies femmes.

Gérard s'étant coupé le pied à la poursuite d'une grisette qui fuyait pour ne pas se laisser prendre, vint un soir en consultation devers son ami.

— Tu es devenu fort à propos un grand médecin, dit-il à Robert; je me suis coupé le pied ce matin, que faut-il que je fasse?

Robert prit sur son sein une boîte d'ébène magnifiquement ornée de pierres précieuses : c'était sa pharmacie; il l'ouvrit et fit mine de chercher, en saisissant au hasard un grain de poudre blanche. — Voilà ce qu'il te faut, rien de plus, dit-il à Gérard le plus sérieusement du monde; ce soir tu t'amuseras à délayer cette poudre dans une tasse pleine d'eau vierge, après quoi tu verseras une goutte de ce breuvage dans une autre tasse que tu rempliras aussi d'eau vierge, et puis tu verseras une goutte de la seconde tasse dans une troisième que tu rempliras comme les deux autres, et ainsi de suite jusqu'à la treizième tasse que tu te verseras sur les lèvres.

— Fort bien ! dit Gérard. Autant me dire : en passant par la Seine tu y jetteras cette poudre, et demain à ton réveil tu enverras ta maîtresse y puiser un verre d'eau que tu boiras à jeun.

— Ne rions pas de ces choses-là, reprit Robert ; or donc, pour effacer l'amertume de ce breuvage tu te verseras en outre sur les lèvres quelques gouttes d'eau-de-vie, et tu demeureras couché ; après-demain tu suivras un pareil régime, et dans trois jours tu seras libre de te briser l'autre pied. J'oubliais une chose importante : il faut que les tasses n'aient jamais servi, car il serait dangereux d'altérer les bienfaits de la poudre ; j'oubliais aussi de te dire qu'il ne serait pas superflu de te baigner le pied dans de l'eau de fleurs de mauve.

— Oui, dit Gérard, qui ne pouvait s'empêcher de rire de l'aplomb du charlatan, c'est l'éternelle histoire de la soupe aux cailloux.

XII

Robert, las de sauver de la mort des femmes qui n'étaient point malades, et de la vie des femmes qui l'étaient devenues grâce à ses soins, jeta sa pharmacie par la fenêtre et se mit à faire une satire furibonde contre la médecine. Je ne dirai pas si c'était une bonne œuvre, mais je puis dire sans danger que c'était une œuvre mauvaise. Robert avait dignement suivi les conseils de Gérard ; il avait appelé la pensée par les rimes, comme font tant de poëtes de ce temps ; pour une satire il lui fallait des rimes féroces et il avait d'abord trouvé : — *Harpie — Pie — Enfer — Fer*. Et voilà comment il s'était inspiré de ces rimes : — *Il est dans l'univers une vieille harpie. — Plus méchante qu'un chat, plus noire qu'une pie. — Jamais démon plus laid n'est sorti de l'enfer — Brisons enfin le joug de son sceptre de fer.*

Je vous fais grâce du reste, sachez seulement que les rimes suivantes étaient : — *gouffre — soufre, — mort — remord, — vengeance — engeance, — noirceur — sœur*. Cette dernière rime mit fort en peine le poëte, qui sortit enfin de ce mauvais pas en disant que la mort était la sœur de la médecine. C'était ingénieux.

Quand Robert fut au second vers de sa

satire, il pensa à un libraire. — Comment, s'écria-t-il, j'allais faire un chef-d'œuvre avant de l'avoir vendu; je suis un grand sot; les poëtes de ce jour ont plus d'esprit que moi.

Il se vêtit de ses plus belles nippes et s'en fut rapidement chez Eugène Renduel.

— Monsieur, lui dit-il en s'inclinant, j'ai pensé ce matin à une magnifique satire...

Eugène Renduel, heureux d'échapper au manuscrit, pria le poëte de s'asseoir et lui parla de son chien; mais comme le poëte allait revenir à sa satire, le libraire s'empressa de l'interrompre :

— Je crois vous reconnaître, monsieur, lui dit-il; je vous ai vu l'autre jour chez une belle marchande de tabac.

Robert ne se souvenait pas de cela; mais trop heureux d'être reconnu, il répondit à la hâte : — Oui, monsieur, je me rappelle vous avoir vu là.

— Vous êtes, reprit le libraire, M. Victor Hugo?

Le poëte essaya de parler, mais le libraire poursuivit sans l'entendre :

— Vous êtes M. Victor Hugo, et j'en suis bien aise, car il n'y a qu'un grand poëte par siècle, et je me soucie peu des autres.

Robert prit son chapeau et sortit en silence. En descendant la rue des Grands-Augustins, il se dit que le grand poëte du siècle étant trouvé, il fallait abandonner la poésie; la renommée de quelques romanciers vint l'éblouir; il pensa à toutes les richesses de son imagination, à toutes les fantaisies de ses rêves, et des drames terribles, des contes merveilleux se déroulèrent dans son âme. — Avec mes souvenirs et ma pensée, se disait-il dans l'enchantement, je vais créer des choses ravissantes. — Robert ignorait encore qu'il n'est pas de langage humain pour traduire les sublimes rêveries qui murmurent mélodieusement en l'âme.

Il s'était involontairement arrêté devant la librairie d'un autre éditeur célèbre, et tout en regardant les romans couchés contre les vitres il lui vint le désir d'en offrir un au libraire, ce qu'il fit aussitôt. Le libraire lui demanda son nom sans lever la tête.

— Je suis le marquis de Cœuvres, répondit doucement le romancier.

— C'est fort bien, reprit l'éditeur; mais je n'édite que Georges Sand et Alfred de Vigny. Êtes-vous Alfred de Vigny ou Georges Sand ?

Robert sortit en silence et s'éloigna rapidement en regrettant de n'avoir pu trouver quelque insolence à jeter au nez du libraire; une demi-heure après il lui en vint une, et ne voulant pas la perdre il retourna sur ses pas, rouvrit la porte de l'éditeur, et lui dit avec un admirable sang-froid :

—Non, monsieur; — et si j'étais Georges Sand ou Alfred de Vigny, je ne viendrais pas ici.

— Je vous conseille de vous faire improvisateur, lui dit malicieusement le libraire.

XIII

Mademoiselle Léocadie reparaît sur l'horizon.

La première conquête de Robert, mademoiselle Léocadie, était devenue une femme de lettres à la mode; Robert l'ayant appris, se mit un soir en route vers son hôtel, curieux d'étudier cette précieuse bizarrerie. La femme de chambre bavardait dans l'escalier ; il trouva les portes ouvertes et s'en fut en silence jusqu'au boudoir où la muse s'abandonnait aux élans de son génie. Or, la muse s'élevait en ce moment dans les splendeurs du ciel sur les ailes de feu de l'inspiration. Aux bruits des pas de Robert elle pensa que sa femme de chambre venait troubler son rêve, et elle s'écria : — N'avancez pas ! il y va de vos jours.

Robert eut presque peur, car le boudoir était funèbrement paré de tentures noires, où pendaient de vieilles armes et des ossements blanchis. Il eut pourtant le courage d'avancer contre cette muse intrépide. Dès qu'elle vit que l'importun était un homme, sa colère tomba ; dès qu'elle vit que cet homme était Robert, elle tendit langoureusement les bras et fit semblant de s'évanouir. Robert, craignant une scène trop sentimentale, eut l'esprit de ne point secourir la muse, et, durant son spasme, il s'amusa des singularités de son costume : elle était coiffée, comme une odalisque, d'un turban d'organdy, dont les franges d'or se balançaient sur son cou; sa robe de mousseline, légèrement rosée par un transparent, était chamarrée de nœuds et de dentelles; une écharpe blanche, à franges d'or comme le turban, ombrageait mollement sa gorge que des soleils d'amour avaient trop regardée

— Robert, murmura-t-elle enfin d'une voix étouffée, je suis heureuse que ma renommée vous ait ramenée près de moi. — Vous avez lu mon dernier roman, sans doute? J'ai là une lettre de M. de Lamartine qui avoue que c'est un chef-d'œuvre. — Voulez-vous fumer? Georges Sand vient de m'envoyer des cigaritos adorables. — Asseyez-vous donc, Robert; voilà les journaux de ce matin;—lisez donc dans le Figaro la satire des Bas-Bleus. — J'achève à cette heure un fragment pour la Nouvelle Encyclopédie. —Vous seriez-vous jamais douté qu'une comédienne devînt femme de lettres?

La muse se frappa la tête.

— Il y a long-temps, reprit-elle d'un air d'inspirée, il y a long-temps que je sentais quelque chose là.—Avez-vous lu les romans de madame d'O...?

— Non, répondit Robert.

— Je savais bien que cette femme était inconnue; elle perd son temps à écrire, son style est trop efféminé, son style a trop de coquetterie, elle devrait garder pour elle les parures qu'elle lui prodigue. — Vous verrez un de ses amants ce soir, car vous arrivez à merveille, je donne une soirée littéraire. — Héloïse! Héloïse! allumez du feu dans le salon. J'espère avoir beaucoup de monde; toutes nos jeunes célébrités m'ont donné leur parole : vous resterez, tudieu! vous serez le roi de la fête.

On sonna à cet instant.

— Héloïse! Héloïse! allez ouvrir, c'est

Gérard, je reconnais sa sonnerie langoureuse; dites-lui de m'attendre au salon.

Robert ne put s'empêcher de rire en pensant à son ami le poëte.

— C'est le plus tendre des élégiaques de ce temps, reprit la muse d'un air rêveur, il est amoureux de toutes les femmes; je pense même qu'il est légèrement épris de la lune et des étoiles. Le mois dernier il se mourait de langueur pour une rose blanche qui n'avait plus d'autre rosée que ses larmes. J'espère qu'il vous lira ce soir sa dernière élégie. Je me suis avisée moi-même de faire quelques vers; j'ai fini ce matin une satire dont on parle déjà. Voulez-vous l'entendre?

Robert n'eut pas le temps de répondre qu'il s'en souciait peu. Mademoiselle Léocadie se mit soudain à lui déclamer une tirade contre les femmes : elle avait trop à se plaindre des hommes pour oser en médire. La femme de chambre entra alors le plus silencieusement du monde. Robert, lassé d'avance de l'esprit de la satire, prit la femme de chambre par la main, la fit asseoir sur son fauteuil et passa dans le salon. La pauvre servante, craignant trop le courroux de sa maîtresse pour oser dire un mot, attendit en paix qu'elle eût fini la lecture de son œuvre.

Or, quand mademoiselle Léocadie eut fini, elle demanda d'une voix émue si ses vers étaient beaux. A la voix de la femme de chambre qui lui répondit que lesdits vers étaient un peu longs, elle se retourna toute verte de colère, et voulut la chasser; mais l'infortunée obtint son pardon en racontant qu'elle était là par l'ordre de Robert, qui avait passé dans le salon.

La muse désenchantée sortit de son boudoir et s'en fut trouver les deux amis. Elle fit la mine à Robert, qui la consola en lui disant qu'il ne pouvait entendre de beaux vers sans s'évanouir.

Cependant les invités arrivèrent peu à peu ; c'étaient des poëtes en herbe, des adolescents qui entraient dans le monde, qui se croyaient tous en bonne fortune près de la maîtresse du lieu. Robert regardait en souriant de pitié cette planète éteinte qui se ranimait aux rayons de tous ces soleils d'un jour. Elle était entourée de ses dames d'honneur, qui étaient aussi des femmes de lettres. Gérard était, plus que tous les autres, la proie de ces dames, qui se l'arrachaient avec acharnement. Quand on fut las de se regarder en silence, mademoiselle Léocadie pria Gérard de lire sa dernière élégie. Gérard, qui n'avait pas coutume de se faire prier à propos de cela, s'accouda mélancoliquement sur la cheminée, et récita ces vers précieux d'une voix attristée, en regardant avec langueur mademoiselle Léocadie :

> Dans mon âme il est un bocage,
> Un bocage aux abords touffus ;

D'un bel oiseau bleu c'était la cage,
Et j'écoute ses chants confus.

Dans mon âme il est une source
Qui ravage les fleurs des champs,
Au bruit funèbre de sa course,
L'oiseau s'endort, adieu ses chants !

A travers la feuille ondoyante
Il vient souvent un soleil d'or,
Pour tarir la source bruyante
Et réveiller l'oiseau qui dort.

L'oiseau bleu, c'est l'amour, ma belle,
La source est celle de mes pleurs,
Et le soleil parfois rebelle,
C'est ton regard semant des fleurs.

Le poëte fut couvert d'applaudissements ; mademoiselle Léocadie fut si émue de l'élégie, qu'elle fit mine d'essuyer une larme. — Il y avait long-temps que la pauvre muse avait perdu la source des larmes sous les montagnes de l'orgueil.

Elle pria alors Robert de raconter quelque histoire grotesque pour distraire son monde.

— C'est un de mes jeunes amis, dit-elle à ses dames d'honneur : vous n'avez jamais ouï de conteur si amusant.

Robert, qui voulait se venger de l'ennui qu'il avait trouvé près de mesdames les muses, se mit à raconter d'un air sévère cette noble et touchante histoire :

Dans les guerres religieuses des premiers siècles, les païens, après une victoire, s'amusèrent de la vertu des femmes et des filles de leurs ennemis. Un de ces barbares soldats fut long-temps repoussé par une vierge du Seigneur. Après l'amour, il voulut se servir de la haine, et l'infortunée, pressentant qu'elle serait perdue dans les violences du soldat, sembla ne plus résister aux désirs impurs du lâche; elle lui tendit les bras en lui disant que la seule crainte d'un châtiment céleste avait retenu son amour; et, pour lui en donner une preuve, elle sortit de son sein un flacon dont la liqueur, répandue sur le corps, devait, suivant elle, rendre invulnérable aux coups de la guerre. Le soldat paraissait douter et ne voulait point du don, craignant quelque maléfice; l'amante du Seigneur le pria d'en faire l'essai sur elle; et, s'agenouillant aux pieds de l'impie, elle pencha la tête et répandit sur son cou quelques gouttes de la liqueur. Le soldat, ému, demeurait en contemplation; la jeune fille le pria encore de s'assurer de la vérité de ses paroles, lui jurant sur son âme que jamais le péché de mensonge n'avait souillé ses lèvres. Le soldat la croyant enfin, leva son sabre et la frappa. — La tête de la noble fille roula à ses pieds, et sa vertu s'envola au ciel en triomphe.

Cette histoire fut admirée de tout le monde; seulement, on regardait le conteur d'un air de doute, et les dames se demandaient tout bas s'il avait voulu s'amuser aux dépens de l'assistance. Robert ne les laissa pas long-temps dans l'incertitude. Il prit son chapeau, et d'un ton sentencieux :

— La vertu est la seule gloire des femmes ! dit-il en regardant les muses.

Il sortit, désenchanté de la vie littéraire par mademoiselle Léocadie et sa lugubre troupe.

Il songea à se faire libraire, à éditer de mauvais romans dont il vendrait la seconde édition avant la première, comme font quelques uns de ces messieurs ; n'était-ce point toujours poursuivre sa satire ? Mais la crainte de ne vendre ni la première ni même la seconde édition ; la crainte d'être lui-même la victime de sa satire éteignit en lui ce nouveau désir.

Il eut mille autres désirs, mille autres songes de vengeance ; mais le dernier voile qui lui cachait encore les misères humaines de ce siècle tomba de ses yeux. Quand il vit que l'or était la seule idole des hommes, que la Bourse, le temple élevé à cette idole, était toujours rempli de fidèles pendant que l'Église était déserte ; quand il vit l'adultère choyé dans toutes les familles ; quand il vit l'hérésie renverser la croyance, l'égoïsme dessécher les purs sentiments de son souffle aride; quand il vit tous les vices si bien enracinés dans les cœurs, qu'il aurait fallu arracher les cœurs pour arracher les vices, il se trouva trop vengé. Il détourna les yeux avec effroi, ne s'étonnant plus que les grands chemins soient déserts de bandits, et prévoyant que le monde finirait par se dévorer. — Ah! s'écria-t-il avec désespoir, avant la fin de ce siècle maudit, tous les chemins seront des chemins de fer.

LIVRE IV.

Robert se lassa donc de tout, même de sa vengeance ; il ferma les yeux sur toutes les misères de ce temps, et se réfugia en lui-même.

Durant nos plus grandes joies, nous entendons en nous la voix gémissante de la mélancolie; de jour en jour cette voix s'élevait en Robert.

La mélancolie s'éveille en l'âme avec le premier amour. — Voilà pourquoi il y a toujours de la volupté dans la mélancolie. L'amour passe, la mélancolie demeure, et devient souvent la reine de l'âme.

Robert, l'enfant enjoué que l'insouciance avait si long-temps bercé dans ses bras maternels, Robert, qui s'était si long-temps épanoui dans la joie, abandonna, comme tant d'autres, son âme à la mélancolie. Un jour qu'il se regardait passer dans la vie, il fut effrayé de se voir si sombre. — Hélas! pensa-t-il, l'arbre de la vie est un mauvais arbre, son fruit devient amer en mûrissant.

Et pendant que Robert se voilait de mélancolie, Gérard, qui s'était jeté dès son adolescence dans la tristesse de l'élégie, s'en allait à pas de géant vers la joie. Désenchanté de la poésie par les femmes de lettres et par les dépenses prodigieuses qu'il faisait pour vendre ses vers, il songeait à devenir avocat ou notaire. Sa mère, ravie de cette belle métamorphose, lui promettait une bourse inépuisable et la main d'une de ses cousines. Séduit par ces promesses, le poëte élégiaque envoya les Muses au diable et se mit à étudier le droit dans un mauvais hôtel garni d'étudiants, à défaut de meubles.

Robert croyait avoir tout perdu dans la vie; il croyait ne plus rien avoir hormis les joies du souvenir, ce doux refuge du malheur et de la vieillesse.

Quand on regarde dans sa vie passée, un nuage, une ombre, un crêpe funèbre glisse devant les yeux de l'âme; un éclair traverse le cœur en le déchirant, un frisson de joie et de tristesse parcourt le corps. Quand le souvenir est vieux, le nuage est plus noir, le déchirement de cœur plus douloureux, le frisson plus violent; mais aussitôt que le nuage s'est envolé, les paysages de l'âme se colorent gaiement; les teintes lugubres disparaissent sous la rayonnante poésie du passé; on voit se ranimer soudainement les amours qui sont morts; on retrouve ses maîtresses toutes parées, dansant ou folâtrant, pleurant sur votre cœur ou s'endormant dans vos bras. En ces moments si beaux, la joie chante dans l'âme, la tristesse jette à travers le chant quelques notes plaintives, et la vie est un rayonnement.

Le souvenir est un miroir magique ne réfléchissant que la poésie des sentiments humains. L'enfance, l'amitié, la jeunesse, l'amour, ne sont de belles choses que dans ce miroir des fées.

Quand la pensée s'élève peu à peu au-dessus des tombeaux de l'âme, quand les yeux du corps se rouvrent au monde matériel, les souvenirs se recouchent, les tombeaux se referment, et tout s'efface. — Pourtant on voit encore durant quelques secondes des crêpes funèbres, des ombres, des nuages.

Cette impression saisissait Robert toutes les fois qu'il voulait revoir le temps passé ; et, toute douloureuse qu'elle fût, il la ressentait avec délices, il y trouvait une ivresse de poésie qui ne s'altérait pas. — Les paysages de Valvert et de Soucy se déployaient avec éclat dans ses souvenirs ; il revoyait dans une adorable tristesse la verdoyante avenue de la fontaine, le clocher gothique de l'église, le sommet bleuâtre des collines d'alentour ; il arrêtait même sa pensée devant l'école qui avait été son berceau, et il lui arrivait encore un doux parfum des fèves vertes ; il voyait surtout avec un charme ineffable l'auberge de Valvert ; c'était là que s'était passé le plus beau temps de sa vie : les étincelles de l'âge d'or frémissaient sous ses yeux, l'insouciance l'endormait dans ses molles harmonies, l'amour semait déjà des roses dans son âme. Bienheureux enfant ! il avait une mère, il avait une amante dans l'hôtesse ; il était l'enfant prodigue de la mère, le chérubin de l'amante; l'hôtesse le baignait de larmes maternelles et de regards amoureux; elle seule lui avait fait oublier qu'il était sans famille.

Un jour donc il s'en fut en Normandie pour revoir toutes ces belles choses. L'auberge de Valvert était en d'autres mains; on lui dit là que l'hôtesse, redevenue veuve, s'était réfugiée à Soucy. Il sortit tristement de Valvert, regrettant de n'avoir point osé s'informer de M. Desmasures et surtout de sa femme. La nuit tombait quand il aborda Soucy. La maîtresse d'école était morte depuis longtemps déjà; ses joyeux camarades d'enfance étaient dispersés; hormis le maître d'école, il ne restait personne qui se souvînt de lui; il passa dans les rues comme un étranger, en songeant à cette seconde mort qui est plus désolante que la première — l'oubli.

II

Au nord de l'île de Soucy, il est un pavillon perdu depuis un siècle dans un bouquet funèbre de sapins noirs et de saules
échevelés ; ce pavillon semble regarder avec
dédain les maisons du village : il a l'air d'un
étranger se réfugiant dans la solitude, d'une

vieille femme qu'on délaisse, d'une veuve inconsolée.

Une mendiante dit à Robert que l'hôtesse demeurait là; il traversa la rivière, il aborda l'île et s'avança en émoi vers le pavillon. Le soleil jetait un regard d'adieu à la nature; le vent s'endormait dans les rumeurs alanguies du soir. L'île était déserte; une seule famille de pêcheurs l'animait d'un côté. Robert s'étonnait de ne pas y rencontrer, comme au temps passé, toute la jeunesse amoureuse de Soucy. Il entrevoyait le pavillon à travers les saules, quand la cloche du village sonna lugubrement. A cette voix solennelle, qu'il avait tant de fois écoutée dans son enfance, il pâlit et ressentit un déchirement de cœur. Le son des cloches est un terrible souvenir; la musique rappelle un sentiment, la cloche rappelle un monde: Robert vit tout-à-coup son enfance qui repassait devant lui

Il respirait avec amertume le doux parfum de sa candeur à jamais perdue quand un nouveau son de cloche l'avertit que c'était pour la prière d'un agonisant. Déjà dans le cercueil, il eût entendu sonner un glas pour lui avec moins de douleur et d'effroi qu'il n'en ressentit alors; il s'empressa d'arriver au pavillon, comme s'il devait prévenir un grand malheur. Le pavillon semblait plus morne que jamais; la cheminée jetait par intervalles une blanche bouffée qui se dispersait sur les têtes noires des sapins; un balai était renversé devant la porte qui était entr'ouverte. Robert en franchit le seuil en plongeant un avide regard dans l'ombre; la première salle était déserte; il entra dans la seconde avec un étrange oppressement de cœur; devant la fenêtre, il vit un lit mollement caressé par les derniers feux du soir; un sentiment de pudeur ou de crainte l'arrêta durant quelques secondes—enfin il tendit la main, il souleva la blanche mousseline du rideau, et son regard errant tomba sur une chevelure éparse sur l'oreiller. A travers les flots de cette chevelure, il entrevit la joue pâle, la bouche terne, l'œil éteint d'une mourante. Il recula soudain et regarda autour de lui avec angoisse; il était seul, seul devant un lit de mort. Il tomba involontairement agenouillé en demandant à Dieu si c'était l'hôtesse; il n'osait plus lever les yeux, tremblant de la reconnaître en son heure dernière. Une des mains de la mourante pendait au bord du lit; sans voir cette main, il la saisit et la baisa avec une religieuse effusion. Tout-à-coup il se souvint que les cheveux de l'hôtesse étaient noirs; les cheveux qui voilaient la mourante étaient blonds: il leva les yeux au ciel avec reconnaissance et voulut s'éloigner du lit; mais il demeura comme s'il eût été retenu par une main de fer.

La nuit couvrait de deuil cette solitude; déjà le fond de la salle était perdu dans l'ombre; toujours agenouillé, la tête penchée sur la main de la mourante, il écoutait les derniers échos de la cloche, quand un bruit de pas traversa le silence. C'était l'hôtesse qui accourait avec un bouquet de cerfeuil, dont l'amer parfum devait ranimer la mourante. A la vue d'un homme agenouillé devant le lit, l'hôtesse chancela et faillit tomber à la renverse; mais Robert s'élança vers elle et la retint dans ses bras.

— Robert! s'écria t-elle en lui prenant la tête entre ses mains.

— Ma mère! s'écria Robert tout éperdu.

Ils se regardèrent, ils se confièrent dans un regard la tristesse infinie de leurs cœurs et ne se dirent plus rien. Ce fut un horrible silence. Robert tourna lentement son œil aride vers le lit et sembla demander à l'hôtesse quelle était cette femme qui allait mourir.

A cet instant, la malade gémit et murmura : mon Dieu! L'hôtesse essuya ses larmes et s'en fut dans l'âtre allumer une lampe.

Quand elle revint, quand la blanche clarté de la lampe glissa sur le lit, Robert retomba agenouillé en sanglotant.

Dans un regard rapide, il avait reconnu la pauvre femme de la fontaine de Soucy.

L'hôtesse vit son élan avec une grande surprise et pensa qu'il devenait fou. L'agonisante entr'ouvrit les yeux sous la lumière et les referma aussitôt dans l'éblouissement. Elle devina plutôt qu'elle ne vit Robert à ses pieds ; elle lui tendit une dernière fois ses bras maternels, et peu à peu, se ranimant encore à la vie, elle rouvrit ses yeux et contempla Robert dans une sainte extase : son front rayonna d'une joie céleste, son sein s'agita comme le sein d'une mère qui rêve à son enfant, son âme, déjà dans le chemin du ciel, s'arrêta entre Dieu et Robert.

— Oh ! mon enfant, mon enfant ! murmura-t-elle d'une voix éteinte.

Robert ressaisit les mains de la mourante; abîmé dans la douleur, il n'avait pas une pensée.

— Oui, vous êtes mon fils, dit la malade plus rayonnante; la voix de Dieu l'a dit à mon âme.

— Oui, s'écria l'hôtesse saisie d'une étrange divination; oui, vous êtes son fils.

La malade regarda l'hôtesse avec égarement.

— Mon fils! Olivier!

Et reposant son regard sur Robert, elle sembla agitée d'un souvenir amer, et s'endormit dans le Seigneur.

— Ma mère! s'écria Robert en regardant l'hôtesse.

— Votre mère! murmura l'hôtesse dans la désolation.

— O mon Dieu, pourquoi ne me disiez-vous pas que c'était ma mère?

Dans l'immensité de sa tristesse, l'âme de Robert monta jusqu'au ciel, et retomba toute brisée sur la terre. — Il en est toujours ainsi. — Dans les orages qui nous renversent, notre âme s'élève à Dieu, et descend bientôt en ce monde comme une colombe blessée. — C'est que le premier élan qui élève l'âme est un sentiment, la secousse qui la brise est une pensée.

III

Robert priait pour sa mère; il était devenu tout d'un coup plus religieux que jamais, et toute son âme s'élevait à Dieu dans sa prière. Il avait toujours entre ses mains la main d'albâtre de la morte. Par intervalles son regard, voilé d'une larme d'amour, s'arrêtait sur la plus douce figure de mère qui fût dans ce monde. L'hôtesse anéantie voyait d'un œil égaré cette scène désolante; elle demeurait à la porte de la chambre, pâle, immobile, silencieuse.

Quand Robert eut long-temps prié, quand son âme se fut reposée sur la figure angélique afin d'en garder à jamais l'empreinte, il se tourna vers l'hôtesse et lui dit : — Racontez-moi l'histoire de ma mère.

Et là, en face de cette femme qui était morte, l'hôtesse raconta à Robert d'une voix coupée de sanglots la triste histoire de Suzanne; car cette femme qui venait de mourir, c'était Suzanne, et l'hôtesse de Valvert, c'était Mariette, la jolie servante du château de Vermand.

Robert écoutait avec angoisse; quand il apprit la barbarie d'Olivier, qui l'avait détaché, ainsi que sa sœur, du sein maternel pour les jeter dans le désert d'un hospice, une sainte colère s'anima en lui; il supplia l'hôtesse de lui dire où était son père; mais l'hôtesse demeura fidèle à son serment de garder ce secret terrible au fond de son cœur. — Robert la supplia en vain; l'histoire de sa mère lui donnait l'exemple d'une sublime résignation, il se résigna.

Voici l'histoire rapide de Suzanne depuis sa fuite du château de Vermand.

Elle se réfugia à Valvert dans la petite maison qui formait tout son héritage; les souvenirs de son enfance que réveillait en elle la vue des murailles et des meubles de son refuge, étaient de pures rosées rafraîchissant son cœur du feu de l'amour; elle essayait de fermer les yeux à l'image d'Olivier qui flottait sans cesse autour d'elle; elle avait dit adieu à son amant; sur l'ombre de sa mère elle avait fait le serment solennel de ne plus le revoir en ce monde; mais elle l'aimait toujours; il devait être la joie, la douleur, il devait être l'âme de toute sa vie.

Dans les premiers mois de son séjour à

Valvert, Mariette épousa le fils de l'aubergiste de ce village et quitta le château où elle était servante pour devenir maîtresse en l'auberge de Valvert. Olivier la dota de quelques arpents de terre dépendant du château, ainsi que l'avait espéré le fils de l'aubergiste, qui fut le plus humble et le plus heureux des maris.

Mariette, qui n'avait point oublié l'infortunée Suzanne, redevint alors sa consolation; malgré les tracas de l'auberge il ne se passait pas de jours qu'elle ne vît sa malheureuse amie de plus en plus ravagée par l'amour.

Comme Suzanne n'avait aucune ressource, elle eut d'abord recours au travail et vendit des broderies aux dignitaires du village; mais bientôt le notaire l'avertit qu'il lui revenait quelques milliers de francs de la succession de sa mère; — elle ne vit point la main d'Olivier dans ce secours.

Mariette devint mère d'une fille; Suzanne en fut la marraine et passa tout son temps à la bercer, à la regarder boire au sein de sa mère ou dormir dans ses bras ; à la vue de cet enfant elle se rappelait d'étranges choses ; il lui semblait qu'elle avait vécu en d'autres siècles, qu'elle avait aussi été mère, et sa tête se troublait.

— O Mariette, que vous êtes heureuse! s'écriait-elle tout éperdue.

Mariette ne fut pas long-temps heureuse ; elle perdit en quelques jours sa fille et deux autres enfants qu'elle avait eus depuis.

Et pendant qu'elle pleurait ses enfants avec Suzanne, elle perdit son mari qui l'aimait.

Les deux pauvres amies se consolèrent long-temps en pleurant ensemble ; leur jeunesse s'éteignit dans les larmes.

Un mauvais hasard apprit un jour à Suzanne que l'argent qu'elle touchait en l'étude du notaire était un secours d'Olivier ; ses larmes furent plus que jamais amères.

Elle se dépouilla : elle vendit la petite

maison de sa mère ; elle vendit les meubles qui étaient pour elle de saintes idoles, elle vendit ses joyaux et déposa l'argent de toutes ces choses au notaire, en le priant de le remettre à Olivier.

Vers ce temps-là elle fut demandée par une grande famille de la province pour être l'intendante d'une campagne délaissée. Mariette voulut l'empêcher de partir, Mariette la supplia de partager avec elle les revenus de son auberge et de ses quelques arpents de terre; mais elle partit, espérant que plus éloignée d'Olivier son amour la tourmenterait moins.

Elle demeura dans la solitude qu'elle gouvernait durant tout le premier veuvage de Mariette.

Une seule fois, un souvenir d'amour la ramena dans son pays. Ce fut la veille du jour où elle s'arrêta à la fontaine de Soucy. Elle croyait n'avoir que peu de temps à vivre, et elle ne put résister au désir de revoir une dernière fois sa belle vallée de Valvert, le beau village tapi sous la feuillée comme un nid d'oiseau, la maison de sa mère, la flèche du clocher, l'auberge de Valvert — et peut-être aussi le vieux château de Vermand où elle avait cueilli la fleur la plus douce et la plus amère de la vie.

Or, quand elle revit le vieux château de Vermand, un mauvais ange l'arrêta sur la route de Valvert ; après avoir vainement résisté, elle prit un détour pour arriver au sentier conduisant du village au château. Elle craignit de rencontrer quelqu'un et prit un autre détour dans les grandes prairies qui se déploient devant le verger.

Elle suivit le bord d'un petit ruisseau qui s'échappait du gué, et quand elle fut près du mur dévasté du jardin, elle plongea un regard avide sur le manoir ; — le manoir était toujours morne et délaissé.

Elle se reposa sur l'herbe et attendit la nuit en rêvant : tristes furent ses rêves, car son âme était noyée d'amertume, son cœur était douloureusement oppressé. — Quand vint le soir, elle entendit du bruit au château : c'était l'arrivée d'Olivier, qui venait quelquefois rêver au sein de ce vieil ami de son enfance, de ce triste témoin de sa jeunesse et de son amour.

Ce soir-là, il descendit au jardin et s'arrêta long-temps sous les saules du gué. Suzanne, qui était de l'autre côté du mur, ne se doutait pas qu'il fût si près d'elle, quand il se mit à chanter sur l'air lamentable d'une complainte, une vieille romance qu'elle avait souvent chantée.

La pauvre fille se leva tout éperdue, se tordit les bras, et se rapprochant de la muraille qui était parsemée de quelques os servant autrefois à attacher la vigne et les pêchers, elle ne put s'empêcher de mettre un pied sur un de ces os et de se suspendre des mains; l'amour lui donna l'agilité d'un chat; elle parvint à grimper à la muraille, elle parvint à entrevoir Olivier à travers le clair feuillage des saules du gué; la pâleur et la tristesse de son amant la consolèrent de la vie.

Elle se laissa retomber sur l'herbe; la nuit couvrait la terre; le vent balançait les verts panaches du printemps et répandaient dans le vallon un doux parfum de jeunesse qui la ranima peu à peu.

Elle se remit en route; — comme elle dépassait les grandes prairies étoilées de primevères, elle entendit encore la voix d'Olivier qui retournait au château de La Roche; elle le revit bientôt sur le penchant du coteau, doucement emporté par son cheval. Involontairement la pauvre folle s'élança vers lui; mais elle s'arrêta bientôt; brisée par les battements de son cœur; elle le suivit encore des yeux dans la trame brune du soir — enfin, Olivier disparut pour toujours à ses yeux; elle l'avait revu pour la dernière fois.

Elle passa la nuit avec Mariette à l'auberge de Valvert, et s'en retourna le lendemain dans l'après-midi vers sa triste solitude. En repassant à Soucy elle s'arrêta à la fontaine où elle trouva Robert parmi la bruyante troupe d'écoliers.

De retour en sa solitude elle retrouva du calme pour son cœur; la noble famille qu'elle servait l'avait prise en amitié, et la voyant si sombre et si désolée, elle l'emmena en voyage pour la distraire. C'est pendant ce voyage que Robert la rencontra dans l'escalier d'une auberge, un soir qu'il se laissait entraîner par mademoiselle Léocadie; c'est au retour de ce voyage que la pauvre femme tomba malade dans ce petit village, où, profanant la sainte mission d'un prêtre, Robert écouta le commencement de sa confession. Elle triompha du mal qui la poursuivait depuis si long-temps; mais pressentant sa fin prochaine, elle s'en retourna à Valvert pour recueillir les dernières consolations de Mariette, qui redevint bientôt veuve, qui vendit son auberge, et qui emmena l'infortunée dans l'île de Soucy, dans le pavillon où elle venait de mourir sans avoir pu vaincre son amour.

— O mon Dieu! s'écria Robert à la fin de cette histoire, que ne puis-je retourner dans ma vie jusqu'à ce beau soir où j'ai vu ma mère à la fontaine! j'aurais passé tout mon temps à l'aimer et à la servir.

— Hélas! dit l'hôtesse, elle m'a souvent parlé de votre rencontre ce soir-là; il y avait alors un an qu'elle était intendante: elle n'avait pas revu son cher pays; elle était accourue comme une folle; — en retournant elle s'était arrêtée à la fontaine de Soucy; elle vous avait vu; votre image était celle de son amant; un souvenir confus l'avait avertie de sa maternité, et vous aviez pleuré dans son embrassement. Elle me rappelait souvent cette scène avec des larmes de joie et de douleur — elle aimait à me dépeindre votre mine enjouée, puis votre tristesse soudaine en la voyant pleurer. Et moi qui ne pouvais me douter que vous étiez son enfant, j'essayais de repousser loin d'elle toute idée de maternité. — L'enfant de Suzanne! Voilà donc pourquoi je vous aimais tant; en vous voyant pour la première fois, j'ai été tout émue; je croyais retrouver un enfant perdu depuis longtemps. Mon Dieu, que n'avais-je deviné, à la vue de vos yeux, que vous étiez l'enfant de Suzanne! Vous seul pouviez la consoler de la vie et la défendre de la mort.

— Je ne suis plus sans famille, dit Robert, — si je n'ai plus de mère, j'ai encore une sœur. — Mais où est ma sœur?

IV

Robert pleura au lit de mort de sa mère jusqu'au matin; l'hôtesse avait fini par s'endormir; le soleil vint une dernière fois rayonner sur la blanche figure de Suzanne, qui était belle dans la mort comme dans la vie; elle s'était éteinte sans secousse, son âme avait doucement pris le chemin du ciel, et sa figure sereine et presque souriante semblait animée des purs ravissements et des divines extases de son âme au ciel. Robert, qui n'avait point assez vu sa mère dans la vie, la contemplait dans la mort. — Et d'ailleurs a-t-on jamais assez vu sa mère? — Il lisait avec amertume sur son front légèrement sillonné, sur ses paupières brunies, sur ses joues livides, il lisait toutes ses souffrances, toutes ses peines, toutes ses douleurs, en songeant à l'histoire que l'hôtesse lui avait racontée avec tant de simplicité, tant de tristesse et tant de larmes.

Au convoi de sa mère Robert ne vit qu'un seul étranger ; c'était un homme qui touchait à la vieillesse. Au sourire de sa bouche on devinait que l'amertume de la vie humaine avait passé là; il semblait dévoré par une mélancolie profonde. Pendant la messe, son regard voilé s'attacha souvent à la lugubre draperie qui couvrait le cercueil de Suzanne. Il ne suivit point le cercueil au cimetière; mais quand Robert eut arrosé de ses larmes la terre qui avait repris sa proie; quand Robert, qui était resté le dernier dans le champ des morts, s'en retourna dans l'île, cet homme, qui n'était point un étranger, alla à son tour s'agenouiller sur la fosse de Suzanne.

FIN DU PREMIER VOLUME.

Publications prochaines.

Voyage en Abyssinie, dans le pays de Galla, de Choa et d'Ifat, par Combes et Tamisier. 4 vol. in-8º.

Lettres sur l'Espagne, par Adolphe Guéroult. 2 vol. in-8º.

Eugène, par Émile Barrault. 2 vol. in-8º.

Le colonel Richmond, par Jules de Saint-Félix. 2 vol. in-8º.

La Belle au bois dormant, par Arsène Houssaye. 1 vol. in-8º.

Catherine de Navarre, par Ernest Alby. 2 vol. in-8º.

Les Roués de Paris, par Arnould Frémy. 2 vol. in-8º.

Le Capitaine Fracasse, par Théophile Gautier. 2 vol. in-8º.

Madame la Princesse de Condé, par madame A. Tastu. 2 vol. in-8º.

Les Janissaires, par Alphonse Royer. _ vol. in-8º.

Charlotte Corday, par Alphonse Esquiros. 2 vol. in-8º.

Imprimerie de BOURGOGNE et MARTINET,
30, rue Jacob.

www.ingramcontent.com/pod-product-compliance
Lightning Source LLC
Chambersburg PA
CBHW050730170426
43202CB00013B/2246